KB025552

사춘기 교실에서

여학생과 남학생이
사는 법 ✦✧

작가의 말

청소년이라면 누구나 '나'에 대한 고민을 합니다. 나는 누구이고, 앞으로 무엇을 어떻게 하며 살아야 할지 순간순간 묻게 되지요. 이 질문에 답하기 위해 꼭 알아야 하는 개념이 있습니다. 바로 '젠더(Gender)'입니다. 젠더는 '남자다움은 무엇이고, 여자다움은 무엇이다'라는 사회적 인식 속에서 자연스레 학습되는, 성별에 따른 사회적 특성을 말합니다. 우리는 알게 모르게 이에 맞추어 생각하고 행동하지요. 자신의 성정체성과 성향이 어떠한지 제대로 파악하지도 못한 채 이미 내면화된 편견을 따르는 경우가 많습니다. 이 때문에 젠더에 대해 알아보고 성찰하는 과정이 더욱 필요합니다.

이 책은 한빛청소년자람센터의 청소년 토론 동아리 '이야기 탐구반(이하 이탐반)'과 지도 교사 '천원쌤'이 1년 동안 활동하며 만들어낸 결과물입니다. 이탐반의 중학생 여덟 명이 젠더, 특히 남자다움을 주제로 각각 짧은 이야기를 쓰고, 이에 대해 다 함께 논의한 내용을 담았어요.

　한 가지 더, 학생들이 쓴 이야기의 주인공은 모두 '승주'로 불리는데 승주는 남자다움에 대해 고민하는 모든 학생을 대표하는 인물일 뿐입니다. 또한 문집에 실린 내용은 우리 모두의 이야기이지, 실존하는 특정 인물의 사연이 아니라는 점을 염두에 두고 읽어주세요.

　책을 읽다 마주치는 '성정체성', '성역할' 같은 어휘들이 몇몇 학생들에게는 무겁고 낯설게 느껴질 거예요. 하지만 이는 모두 우리가 먹고 놀고 공부하는 일상의 바탕이 되는 것입니다. 이탐반 친구들의 이야기와 함께하다 보면 어느 순간 '어? 몰랐는데, 이런 거였구나!' 하는 이해의 시간이 찾아올 거예요.

　자 그럼, 이탐반의 이야기 속으로 함께 가볼까요?

은이정

차례

2학기 나다움은 어떻게 지켜야 할까?

겨울방학

봄방학

문집을 엮으며

천원쌤

한빛청소년자람센터 이탐반 친구들이 한 해 동안의 활동 과정을 모아 문집을 만들었습니다!

우리 주변에는 알아야 할 것, 생각해야 할 것이 많습니다. 그중에서 올해의 주제는 바로 '남자, 남자다움'으로 정했습니다. 왜 하필 남자냐고요? 그 이유는 아마도 이탐반이 사춘기 중학생을 대상으로 하는 동아리라서? 남자 동아리원이 더 많아서? 여덟 명의 동아리 친구들이 한자리에 모여 관심 있는 주제를 제안했는데, 최종적으로 이 주제가 제일 많은 표를 받았답니다.

중학생이 되면서 남자니까 남자다워야 한다는 말을 더 자주 들었고, 어느 순간부터 이 말이 몸을 조여 오는 것 같다고 다들 한탄하더군요. 남자다워야 한다는 말속에는 능력을 갖추어야 한다, 키가 커야 한다, 언제 어디서든 강해야 한다는 의미가 담겨 있으니까요. 남자라는 이유만으로 참아야 하는 부담감, 책임감 그리고 억울함! 물론 여학생들도 "여자니까", "여자가"로 시작하는 말들이 큰 스트레스인 건 마찬가지고요. 다른 친구들은 어떤 마음과 기분으로 하루하루를 보내는지 궁금하지만, 막상 성(性)에 대한 이야기를 꺼내기는 조금 민망하다고 한숨을 쉬었어요. 그래서 올해는 온라인으로 '소통방'을 만들어 의견을 나누기로 했습니다. 탐구 과정을 이야기 형식으로 풀어내는 동아리 정체성에 맞추어 운영 방법도 정했지요.

하나, 동아리원 중 한 명이 '남자, 남자다움'과 관련된 이야기를 써서 소통방에 올린다.
둘, 이야기를 읽은 다른 동아리원들은 느낀 점과 도움이 될 만한 정보를 덧붙인다.
셋, 지도 선생님으로서 천원쌤도 잔소리 없이 함께한다.

여덟 명의 동아리 친구들과 지도 선생님은 '남자, 남자다움'에 대해 즐거이 탐구하고, 더 나아가 서로를 존중하고 이해하는 법에 대해 고민했습니다. 한 줌, 한 줌, 흙과 거름을 부은 끝에 한빛청소년자람센터의 이탐반 문집,《사춘기 교실에서 여학생과 남학생이 사는 법》이라는 나무가 크게 자랐습니다.

　　사회적으로 강요되는 남자다움과 여자다움에 대한 고정관념인 '젠더박스'를 벗어나 '나다움'으로 향하는 친구들의 이야기, 이 이야기 나무가 호기심도, 고민도, 욕심도 많은 또래 친구들에게 기쁨과 희망, 도움이 되길 기대합니다.

우리, 주인공입니다!

우리를 이야기 세계로 이끌어줄 동반자를 소개합니다.

사춘기 교실에서
여학생과 남학생이 사는 법

승주

여주? 남주? 아니 승주! 성별에 따르는 고정관념과 편견을 이겨
낼 주인공 '승주'입니다. 집과 학교 그리고 친구들, 일상에서 발
생하는 문제들에 관심이 많습니다. 그만큼 고민도 많고요. 이탐
반 여덟 친구들의 이야기 속 주인공입니다.

승주의 동반자 이탐반 친구들입니다

**진솔하게 나를 보이는 방법, 닉네임.
그래서 우리는 닉네임으로 활동합니다.**

책먹다뱉은여우

소설가가 되고 싶은 책먹다뱉은여우입니다. 등을 돌리고 서있는 승주가 무슨 말을 하는지 열심히 들으려고 합니다.

학고

과학고에 가려고 준비 중인 중학생입니다. 연구소에 들어가 새로운 무언가를 찾아내는 삶이 미래의 목표입니다. 그런데 아직 무엇을 찾을지는 결정하지 못했습니다.

도토리

키가 작고 귀여워 도토리라는 별명으로 불리는 남자입니다. 앞으로 하고 싶은 일은 중학교 선생님이에요. 커플 반지를 교환한, 나보다 두 배는 더 귀여운 여자 친구가 있어요.

BOTONGE

평범한 소심쟁이 보통입니다. 희망 직업은 작은 시골 도서관의 사서예요. 책으로 둘러싸인 곳에서 조용히 앉아 있는 걸 좋아합니다. 그래서 휴일 아침마다 도서관에 갑니다.

a=b=c ✦★

별 보기가 취미인 낭만주의자입니다. 그래서 계절마다 천문대에 갑니다. 별 보는 남자, 멋있지 않나요? 장래 희망은 멋진 어른으로 살기입니다. 지금도 아주 멋있지만요.

잡스

게임을 좋아하는 아마추어 게이머입니다. 지금은 단순히 즐기는 수준이지만, 앞으로 삼 년 후부터는 직접 창작할 계획입니다. 게임 개발에 도움이 될 것 같아 이탐반에 가입했습니다.

칸 🚩

일곱 살 때 몽골에서 부모님을 따라 한국에 왔습니다. 그래서 몽골어보다 한국어가 더 익숙합니다. 이탐반에 들어온 이유는 글쓰기를 배우기 위해서예요. 친구도 사귀었으면 좋겠어요.

말랑 몬스터 ⚽

축구를 잘하는 인기쟁이, 말랑말랑 부드러운 말랑 몬스터입니다. 축구 말고도 무엇을 잘하는지 열심히 찾는 중이에요. 내가 가진 재능을 활용해 어려운 사람들을 도와주고 싶습니다.

천원쌤

이야기가 있어 행복한 천원쌤이에요. 별명이 왜 천원쌤인지 궁금해요? 초등학교 시절, 옆집에 혼자 사는 할머니가 계셨어요. 재미있는 일이 생길 때마다 찾아가 이야기를 들려드렸는데, 이야기가 끝나면 깔깔 웃으시면서 속주머니에서 천 원을 꺼내 내게 주셨지요. 손안에 든 멋지고 듬직한 천 원! 곧바로 가게에 달려가 맛있는 과자를 사서 책상 서랍에 숨겨놓고 몰래몰래 먹었답니다. 지금도 그때 그 과자 맛이 그리워요.

1학기
성 불평등은 어떻게 만들어질까?

- 오래된 성 관념의 역사: 외계인에게 '남자'를 설명하는 법
- 차이가 만든 성 불평등: '작은 발 왕자'의 정답 찾기
- 남성성? 여성성? 아니 정체성: 승주 옆에 한 사람만 있으면!
- 강한 남자 뒤에 숨은 폭력: 우리 반 일진 길들이기
- 나도 모르게 스며드는 양성혐오: 공차는 데 발 말고 뭐가 필요해

오래된 성 관념의 역사 :
외계인에게 '남자'를 설명하는 법

$$a=b=c$$

내 취미는 별 바라보기입니다. 그래서 천체망원경을 들고 밤에 조명 빛이 적은 장소를 찾아다닙니다. 산성(山城)에 봉수대가 있거든요? 봉수대에 올라가 망원경을 통해 하늘을 보면 동서남북으로 많은 별이 눈에 들어옵니다. 이 망원경은 초등학교 졸업과 중학교 입학, 거기에 생일까지 기념하여 작년에 어렵게 받은 선물입니다.

어제는 달이 없는 그믐에 금요일이면서 유성우가 내리는 날이었습니다. 그래서 저녁을 먹자마자 천체망원경과 배낭을 챙겨 산성으로 가는 시내버스를 탔습니다. 봉수대 한가운데에 서서 하늘을 둘러보았습니다. 노을빛이 옅어지는 자리에 금성이 반짝이더군요. 그 빛이 무척 아름다워서 가슴이 벅찼습니다.

도심을 등지고 서서 본격적으로 망원경을 설치한 다음 책을 꺼냈어요. 별이 뜨기를 기다리는 동안 읽으려고 가져온 《어린 왕자》입니다. 배낭에서 돗자리를 꺼내 바닥에 깔고 앉았습니다. 별이 자리를 잡을 때까지 핸드폰 불빛을 비추며 책을 읽었습니다.

책을 다 읽고 하늘을 보니 별들이 하얗게 돋았더군요. 망원경 렌즈에 눈을 가져다 댔습니다. 때마침 별 하나가 허공을 가로질렀습니다! 길게 이어진 꼬리가 깜깜한 하늘에 흰 줄을 그었는데 얼마나 멋지던지 눈물이 날 것 같았어요. 꼬리가 사라지고 나서도 한참 동안 유성이 지난 자리를 지켜보았습니다.

그때 어깨 위로 웬 손이 올라왔습니다. 너무 놀라 몸이 얼어버렸지요. 간신히 곁눈질로 봤더니 어린 왕자가 서있었습니다.

방금 책에서 본 어린 왕자!

파란색 코트에 주황색 목도리, 갈색 부츠 그리고 금발 머리.

"놀라지 마."

어린 왕자가 말했습니다. 아니, 왕자의 입술은 움직이지 않았는데 분명히 목소리가 귀에 들렸습니다.

"너, 뭐야?"

내가 입을 벌려 물었습니다.

"ﾠﾠﾠﾠﾠ"

왕자가 내는 소리는 지구에 없는 낯설고 이상한 소리였습니다. 내가 당황하자, 어린 왕자는 우리말로 이야기했습니다.

"난 좀생이별 5호에서 왔어."

"악, 외계인? 근데 네 모습이 왜……?"

어린 왕자의 시선이 바닥에 놓인 책으로 향했습니다. 나도 따라 책 표지를 보았지요.

"네가 좋아하는 존재 같아서 이 형상으로 변신했어. 지구 빛으로는 원래 내 모습이 보이지 않거든."

나는 천천히 고개를 끄덕였습니다. 방금 떨어진 유성이 좀생이별 5호에서 온 방문자의 이동 수단이었구나, 문득 짐작되더군요. 그래서 어떻게 왔냐가 아니라 왜 왔냐고 물었습니다.

"과제 하러."

어린 왕자의 모습을 한 방문자가 대답했습니다.

"과제?"

"지구에 가서 처음 만난 생명체에 대해 조사하는 게 이 시간에 해야 할 과제야. 그래서 말인데, 넌 누구니?"

"나? 음, 중학교…… 남학생? 이름은 이승주야."

"남자 학생? 남자라는 생명체? 그러면 내게 남자에 대해 알려줄 수 있어?"

"어떻게? 말로 설명하면 돼?"

"그건 너무 오래 걸려. 그냥 머릿속으로 상상해. 내가 너랑 연결되면 네 머릿속의 지식을 가져갈게."

"내 뇌를 읽겠다고? 몽땅?"

"아니, 네가 떠올린 기억들만 공유돼. 이게 좀생이별에서 소통하는 방식이야. 지금도 너하고 연결되어 순간순간 너를 읽고 있어. 하지만 특정 대상을 조사할 땐 좀더 체계적이어야 해."

"알았어. 뭐부터 상상할까? 남자의 몸?"

"그건 벌써 알아. 네 어깨에 손을 얹었을 때 바로 알았어."

"그럼 하는 일? 현재 지구 남자들이 하는 일 어때?"

"현재는 내 주파수로도 파악할 수 있어. 오래전 것부터 이야기해 주면 안 될까? 지금은 사라진 지구의 옛 모습에 대해. 그때도 남자들이 살았을 테니까."

오래전부터? 나는 그동안 읽은 책과 최근에 배운 내용을 되짚어 보았습니다. 초등학교 5학년 때 한동안 빠져 읽었던 만화로보는 세계사와 중학교에 올라와 들었던 사회 수업을 생각했습니다. 조금 불안했지만 나름 책벌레였던 나를 믿어보기로 했어요.

"음, 구석기 시대부터 시작할게."

눈을 감고 학습 만화책에서 본 장면을 떠올렸습니다. 어린 왕자의 손끝이 내 이마 위에 닿는 게 느껴졌어요.

"짐승 가죽을 몸에 두르고 돌도끼를 들었네. 떼로 몰려다니며 사냥하고 있어. 사냥한 짐승을 메고 동굴로 돌아가. 그러면 여자와 아이들이 기뻐하면서 환영해."

어린 왕자가 여전히 내 이마에 손가락을 붙인 채로 말했습니다. 기분이 이상했습니다. 내 머릿속에 든 지식을 다른 존재의 입을 통해 듣다니.

어린 왕자가 손을 뗐습니다. 나도 눈을 떴습니다. 어린 왕자가 다 봤다는 의미로 고개를 끄덕이더군요.

"이번에는 신석기 시대."

들에서 농사짓는 모습을 담은 그림을 머릿속에 떠올렸습니다. 여자와 남자가 같이 농사일하는 장면으로 사회 교과서 농업 혁명 단원에 나오는 삽화입니다.

"땅에서 먹을거리를 키워내는 방식으로 생존했구나. 남자 뒤에서 일하는 사람은 여자고……. 그런데 여자가 작게 그려졌어. 일은 똑같이 하는데."

"그런가?"

미처 생각하지 못한 부분이었습니다.

"남자는 기운이 세서 힘든 일을 맡아 하고 전쟁에 나가서 싸우기도 해. 용감해."

한 손에는 방패를, 다른 손에는 칼을 쥔 중무장한 로마 병사를 머릿속에 떠올렸습니다. 솔직히 말하면 책 내용은 아니고, 요즘 재미를 붙인 컴퓨터 게임의 주인공 캐릭터였어요.

"지구에서 남자는 싸우는 기계야? 이 사람은 한번도 쉬지 않고 무기만 휘두르잖아. 그리고 왜 이렇게 무작정 상대를 죽이지? 생명이잖아!"

어린 왕자가 휙 손을 거두었습니다. 군인을 싸움 기계라고 표현해서 당황스러웠어요. 그런데 반박을 못 하겠더라고요. 누군가를 보호하기 위해, 승리를 위해 싸운다고 믿었는데 뒤집어 보면 누군가를 죽이는 일이기도 하잖아요.

"싸우기만 하는 건 아냐. 열심히 토론하고 연구하는 활동도 해. 이것도 봐."

얼마 전 수업 시간에 선생님이 보여준 〈아테네 학당〉 그림을 상기했습니다. 어린 왕자가 조심스럽게 내 이마를 짚고 그림을 살폈어요.

"사람들이 모여서 자기주장을 펼치는 상황이네. 멋진 장면이야. 그런데 여자는 없어? 아이는? 이 그림에는 석기 시대에 있던 여자들이 안 보여."

"여자? 아이? 아, 왜냐면 그때는…… 남성 중심 사회거든!"

나도 모르게 목소리가 높아졌습니다. '남성 중심 사회'라는 말이 어딘가 그럴듯하다 싶었거든요.

"남성 중심? 그럼 여자하고 아이는? 다른 생명체들은 자기주장을 못했던 거야?"

어린 왕자가 나를 빤히 바라보았습니다.

"나보고 어쩌라고! 원래 여기는 그렇다고!"

벌컥 화를 내고 말았습니다.

"미안. 우리하고는 너무 달라서."

어린 왕자가 손을 내리며 울상을 지었습니다.

"그래도 지금은 안 그래. 다들 노력하는 중이라고."

이렇게 말했지만, ○○녀, 노키즈존 등 어떤 특성을 극대화해서 여자와 아이를 혐오하고 무시하는 단어들이 머리에 스쳐 지나갔습니다. 하지만 대다수 사람은 그렇지 않다고, 애쓰고 있다고 믿고 싶었습니다.

"그렇구나. 그럼 나한테 보여줄 수 있어?"

"응? 어…… 기다려봐."

나는 눈을 감고 자랑스러운 남성상을 찾았습니다. 어린 왕자가 실망하지 않을 지구인 남자, 간디? 오바마? 스티브 잡스? 축구 선수 메시? 이들은 나하고 너무 동떨어진 사람들이라서 지구의 보통 남자로 내세우기에는 적합하지 않았습니다. 평범하면서 멋진 지구인 남자, 그건 아마도 앞으로 십 년 동안 내가 만들어갈 나의 모습일 것입니다.

한참 동안 고심했습니다. 미래의 내 모습을 그려내기가 쉽지 않더라고요.

"조금 있으면 가야 해. 별들하고 같이 이동해야 하거든."

하늘을 응시하며 말없이 기다리던 어린 왕자가 나를 보았습니다.

"알았어. 지금 보여줄게."

아직 부족하지만 눈을 감았습니다. 그동안 배우고 느낀 내용을 바탕으로 미래의 내 모습을 하나씩 머리에 그려보았습니다.

"미래의 너구나. 이 모습을 지구 남자로 기록할게. 도와줘서 고마워."

눈을 뜨자 어린 왕자가 나를 향해 배시시 웃었습니다.

"너한테 별 기억을 선물할까 해. 지구로 오는 길에 만난 별들이야. 내 기억을 너한테 보내줄게."

어린 왕자가 내 이마에 손바닥을 붙이고 눈을 감았습니다. 나도 왕자를 따라 눈을 감았습니다. 수만 개의 별들이 머릿속으로 날아왔습니다.

"ʤ'ʁʌ⊃ɔ. 좀생이별 인사야. 안녕. 다음에 만나."

"아니, 잠깐만!"

다급히 눈을 떴지만 어린 왕자는 없었습니다. 천체망원경으로 하늘을 보았습니다. 별 하나가 빛을 쏘며 밤하늘을 가로지르고 있었습니다.

└▸ BOTONGE

$a=b=c$ 님의 글을 읽다 보완할 부분을 발견했습니다.

잘 보이지 않지만, 라파엘로의 〈아테네 학당〉 벽화에는 여성도 그려져 있습니다. 그 여성은 최초의 여성 수학자이자 과학자인 히파티아입니다.

라파엘로는 처음에 히파티아를 그림의 중앙에 그렸는데, 교황청의 한 주교가 여성이고 이교적인 학자라는 이유로 삭제할 것을 요청하는 바람에 한쪽 아래에 숨기듯 아주 작게 그려 넣었다고 합니다.

└▸ $a=b=c$

그렇군요!

글을 쓰면서, 좀생이별에서 온 방문자에게 역사 속 지구인 남자에 대한 이야기를 제대로 못 한 것이 아쉬웠습니다. 언젠가 이 어린 왕자를 다시 만난다면 그에게 전해줄 흥미로운 정보가 더 있을까요?

└, 칸

신라 시대의 화랑(花郎) 이야기는 어때요?

이탐반에 들어온 다음 날, 도서관 대출 카드를 만들었어요. 얼마 전 대출한 책에서 신라 시대를 대표하는 남자, 화랑 이야기를 읽었습니다. 화랑은 신라의 청년 조직으로 군사와 관료를 양성하던 수단이에요. 처음에는 청년들의 지도자로 '원화'라는 여성을 두었대요. 저는 그 점이 흥미로웠어요. 하지만 이는 곧 폐지하고 아름다운 남자들을 뽑아서 곱게 단장해 화랑이라 이름 붙였다고 합니다.

이들의 지도 이념은 원광법사가 만든 세속오계입니다. 세속오계는 임금에게 충성하고, 부모에게 효도하고, 벗을 믿음으로 사귀고, 싸움에 나가 물러서지 않으며, 살생은 가려서 한다는 내용이에요.

└, BOTONGE

칸 님이 적은 화랑 이야기를 읽고 중세 유럽의 기사(騎士)가 떠올랐습니다. 시대와 문화는 전혀 다르지만 비슷한 분위기를 풍기잖아요.

많은 이야기 속에서 기사는 낭만적인 남자, 멋진 모습으로 그려집니다. 하지만 실제 생활은 아름답지 않았을 거예요. 전쟁에 나가 싸우는 일이 주된 업무니까요.

예의 바르고, 여성에게 친절한 기사의 이미지는 12세기 이래 궁정 사교계가 발달하면서 나타났습니다. 기사들은 이상적인 여성을 만나 그녀를 위해 헌신하고 봉사하는 것을 명예로 여겼다고 해요.

└→ 말랑 몬스터

남자를 설명할 때면 군인이 빠지지 않네요.

신라의 화랑과 중세의 기사 모두 지금으로 치면 군인이잖아요.

찾아보니 군인을 운용하는 군사제도에는 징병제와 지원병제가 있더라고요. 징병제는 국민에게 병역의 의무를 부여해 현역 복무 대상자를 징집하는 것이고, 지원병제는 군인이 되기를 희망하는 자원자를 모집한 뒤 월급으로 대가를 지급하는 방식입니다.

현재 우리나라는 두 제도를 함께 운용하고 있어요. 하지만 강제로는 징병하지 않고 지원자들로만 군대를 유지하는 모병제 국가도 많습니다.

우리나라의 징병제는 신체 조건 때문에 군대에 가지 못하는 사람에 대한 혐오를 조장하고, 명령에 무조건 복종하는 군대문화가 일상생활에까지 침투한다는 비판을 받고 있어요. 사회문화 다방면에 걸친 징병제의 부정적 영향을 개선하고, 무기의 발달과 전쟁 방식의 변화에 맞추어 이제는 우리나라의 군사제도를 모병제로 전환해야 한다는 의견도 있습니다.

저는 고려 시대의 자료를 찾아봤습니다. 당시 지배층 남성의 인생 최대 목표는 관료가 되는 것이었어요. 신분제 사회였던 고려에서 관료는 제일 높은 신분이고, 관직은 경제적 안정을 보장했지요. 이와 더불어 부와 권력, 명예가 뒤따랐고요.

관료가 되는 대표적인 방법은 과거시험이에요. 경쟁이 심했기 때문에 명문 사립학교에서 공부해야 합격 가능성이 높았지요. 당시 최충이 세운 '구재학당'이 유명했는데, 과거시험에 합격하면 같은 학당 선배들의 끌어주기로 출세도 빨랐습니다. 국자감, 학당, 향교와 같은 공립학교도 세워졌지만, 사립학교가 과거시험에 유리하니까 중앙 관료와 명문가의 자제들은 주로 이곳에 입학했습니다. 물론 이 시대의 출세는 남자들의 일이었고, 여성에게는 과거시험 응시의 기회도 없었습니다. 아무튼 고려 시대와 현재의 입시 상황이 너무나도 비슷한 게 놀라워요! 입시 경쟁의 역사가 무척 오래됐더라고요.

조선 시대야말로 심한 남성 중심 사회였죠. 그것도 양반 위주의.

양반에게는 여러 특권이 있지만, 상민과 천민에게는 사회적인 천대와 경제적인 부담이 가중되었습니다. 그렇기 때문에 상민과 천

민은 어떻게든 양반이 되려고 했지요. 양반임을 증명하는 증표는 바로 족보! 이 족보를 갖기 위해 수단과 방법을 가리지 않았습니다. 족보를 위조하거나 다른 사람의 족보에 편입하기도 했어요. 그 결과 조선 후기에 들어서는 족보 있는 집안이 많아지고 양반의 수도 증가했습니다.

조선 전기에는 족보에 아들과 딸, 친손, 외손이 모두 수록되었어요. 하지만 중기 이후 성리학이 대세가 되면서 철저히 남성 중심으로 변했습니다. 딸은 사위의 이름으로 족보에 올라갔고, 부인의 경우에는 친정의 부친과 유명한 조상만 기록되었습니다.

└→ 책먹다뱉은여우

〈외계인에게 '남자'를 설명하는 법〉을 읽으면서 '남자를 어떻게 설명해야 하지?'라는 의문이 들었습니다. 그래서 남자, 아들과 관련된 서적을 훑어보다 《앞으로의 남자아이들에게》라는 책을 발견했어요. 그 책에서 본 남성성의 네 가지 요소를 소개합니다.

남성성의 네 가지 요소
오기, 성공 욕구, 흔들리지 않는 강인함, 때려눕히기.

저는 이 네 가지를 읽는 순간 숨이 막혔습니다. "우는소리 없이 오기를 관철하고, 사회적 성공과 높은 지위를 적극적으로 추구하고,

위기 상황에서 절대 물러나지 않으며, 공격적이고 폭력적인 태도로 상대를 때려눕혀야지만 비로소 사회에서 남자답다고 인정"을 받는 것입니다.

남자도 힘들겠구나 싶었어요. 여성에게 여성학이 필요하듯 남성에게도 남성학이 필요하다고 생각합니다.

> **남성학**
>
> 남성성, 젠더, 문화를 주제로 사회에서 남자가 된다는 것의 의미를 고민하는 학문.

⌐, 잡스

팍팍한 삶을 사는 남자들이 참고할 만한 말을 소개합니다. 팀 혹스의 저서 《아들과 나눠야 할 인생의 대화》에서 본 내용입니다.

> 네 자신을 찾으렴 – 자신의 진정한 잠재력 찾기
> 네 자신이 되렴 – 자신만의 견해를 갖고 자신만의 삶을 살기
> 네 자신을 연결하렴 – 내가 좋아하는 사람, 나를 좋아하는 사람과 연결하기
> 네 자신을 움직이렴 – 직접 뛰어들어 선수가 되기
> 네 자신을 좋아하렴 – 내가 경이로운 피조물임을 기억하기
> 네 자신을 나누렴 – 나의 웃음, 사랑, 지혜를 다른 사람들과 나누기

천원쌤 더하기

a=b=c 님이 쓴 이야기를 읽고, 생각을 더해 줄 역사 정보를 찾다가 새로운 사실을 발견했습니다. 남성만을 주제로 한 역사책이 거의 없다는 사실입니다. 여성을 주제로 한 역사책은 여러 권 발간되었는데 말이지요.

관련 서적을 살피면서 그 이유를 깨달았습니다. 대부분의 역사책은 따로 남성의 역사라고 부르지 않아도 이미 남성에 대한 기록입니다. 역사 속에서 여성의 업적은 예외적인 일로 구분되었고, 여성은 역사의 주인공이 아니었기 때문에 뒤늦게 따로 정리할 필요가 생겨 책으로 만들어졌던 거예요.

인류는 오랜 기간 동안 가부장제라고 하는 남성 중심 체제를 유지해 왔습니다. 하지만 최근에는 달라지는 추세입니다. 여권운동의 결과로 여성에 대한 차별이 약화되었고, 그만큼 여성의 활동 분야 역시 넓어졌지요.

여성의 권익이 향상되는 과정에서 여성들은 변화하는 사회에 유연하게 적응하는 반면 남성들은 그렇지 못한 것이 사회문제로 대두되고 있습니다. 이와 관련해 '초식남', '맨세서리'라는 신조어도 등장했습니다.

사회가 빠르게 달라지는 만큼 남성성 역시 새롭게 변화해야 합니다. 가부장제 사회에서 만들어진 전통적 남성성은 더 이상 유효하지 않습니다. 성평등이 향상되는 과정 속에서 남성을 억압하던 전통적 남성성은 자연스럽게 해체됩니다. 따라서 성평등은 남성의 특권과 이익을 침해하는 것이 아니라 남성의 삶이 질적으로 향상되는 데에 도움을 줍니다.

가부장제
가장(家長)과 장남 위주로 가정이 운영되는 형태의 가족 제도. 가부장적인 권위를 지닌 사람에 의해 지배되는 사회, 종교, 국가.

여권운동
여성의 사회상·정치상·법률상의 권리를 확장하고 지위를 높이기 위한 사회 운동.

초식남(草食男)

연애와 결혼에 적극적이지 않거나 정원 가꾸기 등 자신의 취향 중심으로 행동하는 젊은 남자.

맨세서리(Mancessory)

신체 노동, 가정 부양 등의 낡은 구조는 사라지고 남자다움이라는 장식만 남은 상태.

전통적 남성성

남자는 힘든 일이 있어도 내색하지 말아야 한다. 돈을 벌어 가족의 생계를 책임져야 한다.

이탐반의 생각거리 ⚡✦

새로운 남성, 미래의 남성은 어떤 모습이 되어야 할까요?

_____

_____

_____

사춘기 교실에서
여학생과 남학생이 사는 법

책먹다뱉은여우

어느 멀고 먼 왕국에 손자 셋을 키우는 할아버지가 있었습니다. 아들과 며느리는 왕국에 전염병이 퍼졌을 때 돌아올 수 없는 곳으로 떠났습니다. 손주 삼 형제가 할아버지에게 남겨졌지요. 할아버지는 그 왕국의 왕이었고, 손자들은 왕자였습니다.

왕은 어린 나이에 고아가 된 세 왕자를 정성껏 키웠습니다. 한 살 터울로 태어난 왕자들은 십 대 중반까지 보모와 전담 교사들의 보살핌을 받았고, 십 대 후반에 들어서자, 한 명씩 독립해 자신만의 생활을 갖게 되었습니다.

제일 먼저 독립한 첫째 왕자는 왕궁을 벗어나 상점이 길게 늘어선 시내 번화가로 갔습니다. 사람들이 왁자지껄하게 떠들고 노래하는 소리에 이끌려 사슴뿔로 장식한 선술집 문 앞에 멈춰 섰습니다. 때마침 몰려온 사냥꾼 무리에 섞여 가게 안으로 들어 갔지요. 사냥꾼들이 하는 대로 술 한 잔을 시켰습니다. 그리곤 사냥꾼들이 하는 이야기에 귀를 기울였어요. 사냥꾼들은 사냥이 위험하긴 해도 그만큼 멋진 일이라고 이구동성으로 외쳤습니다.

첫째 왕자는 대부분의 시간을 숲속 야영장에서 사냥꾼들과 함께 보냈습니다. 사냥꾼들은 잡아 온 짐승을 팔아 돈이 생길 때 에만 잠깐씩 집에 다녀왔습니다. 왕자 역시 그들이 집에 가고 없 을 때만 왕궁으로 돌아왔습니다.

사냥꾼들은 남자는 집 밖에서 사냥하고 여자는 집 안에서 아이를 낳고 키워야 한다고, 그게 정해진 역할이라고 이야기했습 니다. 남자에게는 테스토스테론이라는 호르몬이, 여자에게는 에 스트로겐이라는 호르몬이 몸속에 흘러 남자와 여자는 근본부터 다르다고 믿었어요. 그래서 남자는 여자의 일을, 여자는 남자의 일을 가까이하면 안 된다고 주장했습니다.

그다음으로 독립한 둘째 왕자는 지난밤에 읽은 책 속의 주 장을 되짚으며 걷다가 거리 끝에 도착했습니다. 조용한 분위기의 외떨어진 자리에 네모진 흰색 건물이 서있었습니다. '만물 연구 소'라는 팻말에 이끌려 다가가 보니 창문 안쪽에 눈에 익은 중년 남성이 보였습니다. 그는 왕자들에게 수학과 과학을 가르쳐준 왕국에서 제일 유명한 학자였어요.

왕자는 연구소 문을 두드렸습니다. 학자는 왕자를 반갑게 맞아 자신이 세운 연구소를 구경하게 해줬습니다. 자신이 소장한 책들을 자랑하고 새롭게 구상 중인 이론이 얼마나 대단한지 과시했지요. 책과 학문을 좋아하는 학구파인 둘째 왕자는 그날부터 학자의 연구에 참여했습니다.

학자는 연구소에 있는 동안 부인과 딸들이 학자 곁에 오지 못하게 했습니다. 부인은 하루에 한 번 도시락을 날라주고 일주일에 한 번 빨랫감을 가져갈 때만 연구소 안으로 들어왔습니다. 그때도 항상 말을 조심했는데, 어쩌다 한마디 하려 하면 학자가 버럭 화부터 냈기 때문입니다.

식사를 가져다주는 부인에게 왜 화를 내는지 왕자가 그 이유를 묻자, 학자는 자신의 연구를 이해하지 못하는 사람에게 방해받기 싫다고 했어요. 여자들이 떠드는 소리를 듣기 싫어 연구소와 집을 분리했다더군요.

아무리 그래도 가족인데, 왕자는 납득할 수가 없었습니다. 둘째 왕자가 고개를 내젓자, 학자가 이런 설명을 덧붙였습니다. 남자에게는 체계화의 뇌가 있어 학문에 적당하지만, 여자에게는 공감의 뇌가 있어 이야기를 나누며 소통하는 일에 적당하다고요. 그래서 자기 딸들에게는 왕자들에게 한 것만큼 수준 높은 교육을 하지 않았다고도 했습니다.

마지막으로 독립한 왕자는 막내인 승주 왕자였습니다. 승주 왕자는 두 형보다 키도 작고 몸도 작고 발도 작았습니다. 그래서 자주 '작은 발 왕자'라고 놀림을 받았지요. 승주 왕자는 언젠가부터 조용히 혼자 걷는 걸 좋아했습니다. 키가 큰 형들에게 맞추느라 숨 가쁘게 걷지 않아도 되었으니까요.

승주 왕자는 독립한 첫날 시내를 돌아보았습니다. 선술집 구석에 앉아 점심을 먹으며 첫째 형에게 인사하고, 연구소 주변을 산책하다 창문에 붙어 서서 둘째 형이 책 읽는 모습을 지켜보았습니다. 한참을 돌아다니다 어두워져서야 왕궁의 자기 방으로 돌아왔지요.

승주 왕자는 가볍고 큰 배낭을 마련해 종종 먼 곳으로 여행을 떠났습니다. 일주일 동안 산 쪽을 여행하거나 한 달 동안 바다쪽을 구경하기도 했습니다. 그러면서 왕국에 사는 수많은 사람과 어울렸습니다. 다양한 이야기를 듣고 여러 음식을 먹고 때마다 다른 잠자리에 몸을 뉘었어요.

할아버지인 왕의 육십 번째 생일잔치가 왕궁 마당에서 열렸습니다. 왕은 신하들 앞에 세 명의 왕자를 불러 세웠습니다. 그리고 여자와 남자는 어떤 존재이고 그 차이가 무엇인지, 어떤 여자와 결혼해 어떻게 살고 싶은지 물었습니다. 왕은 이제 세 왕자를 결혼시켜 영지를 배분해 줄 계획을 세워두었거든요.

첫째 왕자는 남자와 여자는 전혀 다르고 호르몬으로 남녀를 구분한다고 대답했습니다. 그리고 일주일 후에 사냥꾼 우두머리의 첫째 딸과 결혼했습니다. 사냥꾼의 딸은 예쁜 얼굴과 몸매를 지닌 데다 아직 아기인 막냇동생을 잘 보살폈거든요. 첫째 왕자는 그게 여자의 역할이라고 생각했습니다. 왕은 높고 깊은 산이 있는 지역을 첫째 왕자의 영지로 나누어 주었습니다. 왕자는 결혼식 다음 날 최신식 사냥 도구를 마차에 한가득 싣고 신부와 산 속으로 들어갔어요.

둘째 왕자 역시 남자와 여자는 대부분의 측면에서 차이가 나타나고, 특히 뇌가 그 핵심이라고 대답했습니다. 그리고 한 달 후에 학자의 둘째 딸과 결혼했습니다. 학자의 딸은 식사 심부름을 올 때면 항상 부족한 건 없는지 상냥하게 물었거든요. 둘째 왕자는 여자는 여성스러워야 한다고 생각했습니다. 왕은 바닷가에 세워진 교육 연구 도시를 둘째 왕자의 영지로 지정했습니다. 둘째 왕자는 다시 한 달 동안 자신의 책을 정리해 대학 캠퍼스 안에 마련한 연구소로 신부와 함께 향했습니다.

막내 승주 왕자는 입을 꾹 다문 채 고심하다 끝내 대답하지 못했습니다. 여행하며 만난 사람들을 하나하나 되짚어 봤지만, 형들 말대로 단순히 호르몬이나 뇌 기능 때문에 남자와 여자가 다른 것 같지는 않았거든요. 대답을 기다리던 왕이 재촉하자 승주 왕자는 일 년 동안 세상을 더 살펴본 뒤 답하고 싶다며 양해를 구했습니다. 왕은 "에잇, 우유부단해서는!" 하며 고개를 휙 돌려버렸어요. 키도 작고 몸도 작고 발도 작은 막내 왕자가 할아버지 맘에 차지 않았거든요. 왕자답지 못하다 여겼지요.

왕은 마지못해 일 년의 유예기간을 주었습니다. 승주 왕자는 할아버지의 허락이 떨어지자마자 배낭을 메고 왕궁을 나섰습니다. 산부터 바다까지 이전에 미처 가보지 못했던 환경이 다른 곳을 찾아다녔습니다. 그 지역에 사는 여러 부류의 사람들과 부딪히면서 남자와 여자의 특성을 관찰했습니다.

어느 집은 남편이 집 밖에 나가 돈을 벌고 부인은 집 안에서 살림했습니다. 부부가 함께 물건을 만들어 팔면서 가사 역시 분담하는 집도 있었습니다. 가끔은 부인이 밖에 나가 돈을 벌어오고 남편이 아이를 돌보는 집에서 신세를 지기도 했어요.

대체로 남자들이 덩치가 컸지만, 산을 하나 넘으니, 남자보다 덩치 큰 여자들도 여럿 만날 수 있었습니다. 일반적으로 여자는 남자보다 상냥했지만, 강을 하나 건넜더니 남자들이 더 친절한 동네가 나왔습니다. 시시때때로 남자애 같은 여자애를 보거나 여자애 같은 남자애도 만났습니다. 이는 어느 마을에서는 놀림거리였지만 어느 마을에서는 개성으로 여겨졌지요.

승주 왕자는 왕에게 정확한 답변을 주고 싶었습니다. 그래서 만나는 사람들의 키와 몸무게, 하는 일, 성격, 결혼 생활에 대해 기록했습니다. 하지만 하루하루 기록이 쌓여도 명확한 답은 나오지 않았어요. 왕국에는 가지각색의 사람들이 살고 있고 여자든 남자든 다 달랐습니다. 남자와 여자, 남자다움과 여자다움이라는 단순한 틀로 나눌 수 없었습니다.

일 년 뒤, 승주 왕자는 할아버지인 왕 앞에 섰습니다. 남자와 여자 사이의 차이점을 찾지 못했다고 솔직하게 답했습니다. 그럼 어떤 여자와 결혼할 거냐고 왕이 묻자, 여행하다 자신처럼 여행을 좋아하는 방랑자를 만났고, 지금 왕궁 앞 공원에서 자신을 기다린다고 이야기했습니다.

남녀 사이에 다른 점이 한둘이 아닌데 답을 못 찾았다니, 할아버지는 승주 왕자를 이해할 수가 없었습니다. 게다가 떠돌이 여자와 결혼하겠다는 말에는 인내심을 잃었지요. 결국 승주 왕자에게 바위와 잡목뿐인 황무지를 영지로 내주었습니다. 그리고 곧장 그곳으로 떠나라 명령했습니다.

승주 왕자는 추억이 담긴 물건 몇 가지를 낡은 배낭에 챙겨 공원으로 갔습니다. 자신을 기다리던 방랑자와 만나 손을 잡았습니다. 방랑자는 승주 왕자의 동반자가 되어 황무지까지 함께 걸었습니다.

황무지를 탐험하다 바위 사이로 흐르는 시냇물을 발견했어요. 승주 왕자와 방랑자는 물소리가 아름답게 울려 퍼지는 언덕에 터를 잡고 함께 머물 집을 힘을 모아 지었습니다. 방랑자는 타고난 힘을 이용해 벽을 세우고 지붕을 얹었고, 승주 왕자는 타고난 섬세함으로 집 안을 꾸몄어요.

방 두 개와 거실, 주방, 화장실을 하나씩 갖춘 작고 아담한 집이 완성되자 한 계절을 그곳에서 머물렀습니다. 편히 쉬면서 몸의 기운을 채운 뒤 현관문만 지쳐 놓고 여행을 떠났습니다. 다시 한 계절이 바뀐 후에 돌아와 집 주변의 돌을 걷어내고 정원을 만들었습니다.

때로 방랑자 홀로 여행을 떠나면 승주 왕자도 다른 이웃을 방문하고 그들과 어울려 지냈습니다. 방랑자가 돌아와 무거운 배낭을 내리면 즐거운 시간을 함께하다 승주 왕자가 짐을 꾸렸습니다.

아름다운 길에 들어서면 행복했습니다. 승주 왕자는 작은 발로 느긋이 걷다 가끔 형들 가족을 생각했습니다. 형들도 자신만큼 행복하기를 기원했습니다.

└→ 책먹다뱉은여우

이 이야기는 남자와 여자의 차이는 뭘까, 혼자서 생각하다 적은 글입니다. 옆집에 사는 친구를 위로하기 위해 쓴 글이기도 하고요. 그 친구는 할머니, 할아버지, 형 둘과 함께 살고 있습니다. 엄마 아빠는 교통사고로 친구가 어렸을 때 돌아가셨고요.

형들은 키가 크고 힘이 좋아요. 할아버지가 많이 예뻐하지요. 하지만 키가 작고 마른 그 친구는 가끔 남자답지 못하다고 구박받습니다. 발이 유난히 작은데 운동화는 늘 큰 걸 신어요. 형들한테 작아진 운동화를 물려받아 신는데 너무 커서 달리다 벗겨지는 낭패를 겪기도 하죠. 벗겨진 신발을 내가 주워준 적도 서너 번 됩니다.

늘 기가 죽은 채로 하루하루를 보내는 그 친구에게 이렇게 말해 주고 싶습니다.

"키가 크고 발이 커야만 남자다운 건 아니야. 큰 사람도 있고 작은 사람도 있는 거지."

친구가 이 이야기를 읽으면서 웃었으면 좋겠습니다.

└→ 말랑 몬스터

어려운 친구를 돌아볼 줄 아는 책먹다뱉은여우 님! 참 따뜻한 사람입니다. 그런데 보통 유전자와 호르몬으로 남성과 여성을 구분하지 않나요? 여자는 XX, 남자는 XY 염색체를 가지고 태어나고, 그에 따라 남자는 테스토스테론 호르몬, 여자는 에스트로겐 호르몬의 영향을 받는다고 배웠습니다. 호르몬 때문에 이차성징도 나타나고요. 그런 차이를 인정하지 않고 쉽게 답을 내놓지 못하는 승주 왕자의 태도는 납득이 잘 안 됩니다.

└→ 칸

맞아요. 눈에 보이지 않는 호르몬과 염색체가 아니더라도 남자와 여자는 생식기부터 아주 다릅니다. 남자에게는 고환과 음경이, 여자에게는 자궁과 난소, 음순이 있습니다. 남자에게 없는 자궁과 난소 때문에 여자는 한 달에 한 번 생리하고, 임신을 할 수 있습니다.

더 나아가 여성들은 생리전증후군(PMS)을 겪고 그래서 생리휴가도 법적으로 보장됩니다. 그리고 임신하면 다양한 증상이 나타나고,

출산하면 산후우울증이 발병하기도 합니다. 이게 다 남자한테 없는 부분이에요. 따라서 남녀에게는 근본적으로 차이가 있고, 차이에 따라 다르게 사는 건 어쩔 수 없다고 생각합니다.

└→ 책먹다뱉은여우

칸 님의 의견은 부분적으로 맞습니다. 여자는 대부분 자궁과 난소를 가지고 있고 사춘기가 되면 생리를 시작합니다. 그리고 사람과 상황에 따라 생리전증후군과 산후우울증을 겪습니다. 하지만 이것이 여성을 대표하는 특질은 아닙니다. 남자에게 없는 부분이라 큰 차이로 느낄 수 있지만 일상생활 전체가 생리와 임신 위주로 돌아가는 것은 아니니까요.

남녀 간의 사소한 차이를 강조하는 행동은 여성의 사회적 활동을 제약하는 차별로 이어질 수 있습니다. 차이는 존중과 배려의 대상이지 차별의 대상이 아님을 늘 염두에 두어야 합니다.

└→ 도토리

말랑 몬스터 님, 이 문제는 생각만큼 단순하지 않아요. 물론 말씀하신 대로 사람은 염색체와 호르몬의 영향으로 각기 다른 생식기를 갖고 태어나 여자와 남자로 나뉘어요. 하지만 제가 성교육 시간에 배운 내용에 따르면, 우리가 흔히 알고 있는 정형화된 남자와 여자는 성장하는 과정에서 부모와 주변 환경의 영향을 더 많이 받아 '만들어진다'고 합니다. 같은 유전자를 가지고 태어난 일란성 쌍둥이를 다른 환경에서 키우면 외모는 비슷할지 몰라도 다른 성향을 보이게 된다더라고요.

↳ BOTONGE

남성호르몬인 테스토스테론은 여성의 몸에서도 분비됩니다. 여성호르몬인 에스트로겐 역시 남성의 몸에서도 나오고요. 상대적으로 남성의 몸에 테스토스테론이 많고, 여성의 몸에는 에스트로겐이 많을 뿐입니다. 그리고 분비되는 호르몬의 양은 개인 간에도 차이가 있습니다.

신체 조건도 마찬가지입니다. 통계를 내어보면 남자가 여자보다 키가 큰 경향이 나타나지만 모든 남자가 모든 여자보다 큰 건 아닙니다. 근력도 그렇고요. 그래서 남자는 여자보다 키가 크고 힘이 세다, 이런 방식의 일반화는 남자와 여자 모두에게 불리하게 작용합니다. 수많은 사람을 정상 밖에 존재하는 비정상인으로 만드니까요.

↳ 도토리

덧붙이고 싶은 말이 있어요. 간혹 성염색체와 생식기가 일치하지 않는 경우도 있다고 합니다. 워낙 문제시하다 보니 외부에 공개하지 않아 없는 듯 보이지만 생각보다 많은 예외가 존재한다고 해

사춘기 교실에서
여학생과 남학생이 사는 법

요. 이를 간성이라고 부르는데 이들을 무작정 부모와 의사의 뜻에 맞추어 남녀라는 이분법적인 틀에 끼워 넣으면 그 자체가 폭력이 되어 당사자에게 돌이킬 수 없는 피해를 준다고 합니다.

간성(間性, Intersex)
양성의 신체적 특징을 불완전하게 함께 가지고 있는 상태이다. 외부 생식기 형태만으로는 성별을 판정하기 어려우며, 외부 생식기뿐만 아니라 내부 생식기인 난소와 정소가 같이 존재하는 경우도 있다. 전체 인구의 1.7% 정도 존재한다.

ㄴ, 참고

최근에는 뇌 활동으로 남녀 차이를 밝히려는 연구가 활발히 진행 중입니다. 일정한 상황을 주고 그에 따라 반응하는 뇌의 사진을 찍어 보면 남녀가 다른 양상을 보인대요. 전반적으로 발달하는 뇌 영역 역시 차이가 나는데, 이야기 속 학자의 말처럼 남자는 체계화를 담당하는 부분이, 여자는 공감을 담당하는 부분이 주로 발달합니다.

하지만 뇌는 엄청난 학습 능력이 있대요. 개인이 교육받고 스스로 변하려고 노력하면 뇌도 그에 따라 변합니다. 긍정적인 성향은 강화하고 부정적인 성향은 약화할 수 있습니다. 그렇기 때문에 이런 남녀 간 뇌의 차이가 태생적인지 아니면 사회적 환경의 영향 때문인지는 아직 명확하게 증명되지 않았습니다.

└→ 잡스

저는 김고연주 작가가 펴낸 《나의 첫 젠더 수업》이라는 책에서 도움이 될 만한 내용을 찾았습니다.

남녀의 성차에 대해 실제로 연구를 해 본 학자들은 그런 고정관념에 대한 근거를 별로 찾을 수 없었다고 해요. 여러분이 가장 관심이 많은 학업성적을 한번 살펴볼까요? 성차가 타고나는 것이라면 언제 어디서나 언어 분야는 여자가, 수학 과학 분야는 남자가 잘해야겠죠? 하지만 경제협력개발기구(OECD)는 2012년에 발표한 보고서에서 수학·과학 분야의 성별 차이를 정식으로 부정했어요. 또한 여학생들이 읽기 분야에서 월등히 점수가 높긴 하지만 20대 후반에 이르면 그 격차가 거의 사라진다고 보고했습니다.

└→ a=b=c

잡스 님의 자료와 비슷한 내용이 《지식채널 x 젠더 스펙트럼》 책에도 나와 있습니다.

미국, 영국, 오스트레일리아 9, 10학년 수학, 과학 최고 득점 비율은 남학생 53퍼센트, 여학생 47퍼센트로 별 차이가 없고, 인지능력, 대화 스타일, 성격, 정서 건강, 신체 및 운동 능력 등 성차를 다룬 남자는 이렇다, 그러니 이래야 한다. 이처럼 성을 정형화하는 말은 없어져야 한다고 생각해요. 개인의 의식을 억압해 자기 사회화를 방해하고 부정적으로 이끌 수 있기 때문입니다. 여자도 마찬가지고요.

아이는 타고난 본성을 바탕으로 외부 환경을 받아들이고, 본성과 환경을 융합하는 활동을 통해 자신이 바람직하게 여기는 사람으로 성장한대요. 이 과정이 바로 자기 사회화입니다. 인격을 만드는 과정은 각자의 성향대로 능동적으로 주체적으로 이루어져야 합니다. 그래야 '진정한 나'가 될 테니까요.

천원쌤 더하기

'여자와 남자는 다르다'라는 관점은 그 역사가 길고 깊습니다. 역사가 오랜 만큼 그에 따른 논란 역시 다양하게 나타나고요. 과학과 비과학, 사회적 통념과 개인적 신념이 어지럽게 엉킨 채로 강하게 주장됩니다. 최근에는 뇌와 호르몬, 심리라는 과학적 방법을 사용하는 학문 분야에서 이에 대한 다양한 이론이 등장하고 있지요.

백 년 전만 해도 남녀 사이의 차이를 절대적 차이로 인식하고 그에 따라 역할을 엄격하게 구분했습니다. 성에 따른 사회문화적 역할을 정당화하기 위해 과학적 사실이라는 이름으로 남자와 여자의 신체적 차이를 부풀리고 왜곡했습니다. 하지만 최근에는 신체 생물학적 차이까지도 상대적인 것으로 인식하고 있습니다. 남녀 간의 본질적 차이가 아닌 개인 간의 차이 정도로만 평가

사춘기 교실에서
여학생과 남학생이 사는 법

합니다.

　남녀 사이의 다름은 한 개인과 개인을 구별하는 개성의 일부일 뿐입니다. 성이라는 기준으로 대상을 나누는 것이 사람을 차별하는 근거가 되어서는 안 됩니다. 한 발짝 더 나아가 젠더 통합에도 관심을 가져야 합니다.

　진화 인류학적 관점에서 남녀의 차이를 설명하는 책이 있습니다. 진화 선상에서 인류와 무척 가까운 침팬지와 보노보에 대한 비교 연구서입니다. 프란스 드 발이라는 영장류학자의 눈으로 본 젠더, 《차이에 관한 생각》에 나온 내용을 소개합니다.

　세 호미니드의 차이점들이 모자이크처럼 뒤섞여 있는 가운데에도 몇 가지 보편적인 특성은 숨길 수 없다. 수컷은 지위를 추구하는 경향이 강하고, 암컷은 취약한 어린것에게 끌리는 경향이 강하다. 수컷은 신체적으로(비록 사회적으로도 항상 그런 것은 아니지만) 지배적이고 노골적인 대립과 폭력으로 치닫는 경향이 있는 반면, 암컷은 자식을 돌보고 자식에게 헌신하는 경향이 강하다.

　그리고 늘 그렇듯이 규칙에는 예외가 있는데, 이것은 우리뿐만 아니라 동료 호미니드의 행동에 유연성이 있을 가능성을 암시한다. 예를 들면, 수컷 유인원도 놀랍도록 새끼를 잘 양육할 수 있고, 암컷도 훌륭한 지도자가 될 수 있다.

사람 영장류의 가장 예외적인 사회적 특징은 남성과 여성을 함께 묶는 가족 구조이다. 그 결과로 우리의 양 젠더는 가장 가까운 친척 영장류보다 더 상호 의존적 양상을 보인다. 가족뿐만 아니라 직장에서도 함께 일할 것을 요구하는 현대 사회에 들어와 젠더의 통합은 더욱 증폭되었다.

《차이에 관한 생각》 중에서)

이탐반의 생각거리 ⚡✦

우리 주변에서 볼 수 있는 젠더 통합의 사례가 있을까요?

승주 옆에 한 사람만 있으면!

학고

나에게는 고민이 하나 있고 그것만 생각하면 가슴이 답답하다. 이 학년에 올라가 만난 짝꿍 승주가 내 고민의 핵심이다.

새 학년 첫날, 담임은 번호 순서대로 남자는 남자끼리 여자는 여자끼리 짝을 정해주었다. 그래서 내 짝꿍은 당연히 남자가 되었다. 나는 남자니까. 내가 나를 남자로 확신하는 만큼 내 짝꿍도 평범한 남자라고 확신했고, 열흘 남짓 동안은 아무런 문제가 없었다. 승주 코밑에는 거뭇한 수염이 있고 변성기를 지난 목소리는 차분한 저음이었다. 초등학교 때 사춘기가 왔는지 다른 아이들보다 신체적 성숙이 빨랐다.

생활 면에서도 특별히 눈에 띄는 점은 없었다. 체육 수업을 준비하느라 옷을 갈아입을 때도(여학생은 탈의실 남학생은 교실에서 갈아입는다) 내 옆에서 바지를 훌렁 내려 체크무늬 사각팬티를 보여주었고, 운동장에 나가서는 피구팀이 아닌 축구팀에 끼어(무슨 법칙처럼 여자는 피구, 남자는 축구를 한다) 공을 찼다. 화장실에서는 서서 볼일을 보았고, 소변기에 바짝 붙어 서기는 했지만, 다른 아이들을 의식하는 기색은 전혀 없었다.

짝꿍이 된 지 이 주가 다 되어갈 무렵부터 다른 애들과 다른, 낯선 무언가가 조금씩 느껴졌다. 처음엔 신경을 거스를 정도는 아니었다. 단짝이라고 할만한 친구가 없었던 승주와 나는 그사이 아주 친해졌고, 점심시간에는 급식실까지 느긋이 걸음을 맞추어 걸었다. 우리 둘 다 밥에 목숨을 걸지 않는다. 이동 수업 때는 시간에 여유를 두고 특별실로 향했다. 그러면서 수업 이야기, 선생님 이야기, 정신없이 몰려다니는 아이들 뒷담화를 했다. 뒷담화하느라 머리를 맞댔고 어깨를 툭툭 부딪었고 다른 아이들 모르게 둘이서만 킥킥 웃었다.

목요일쯤, 느지막이 급식실로 향하던 중이었다. 승주가 내 옆구리에 붙어 서며 팔짱을 꼈다.

"맛있는 반찬 다 떨어지겠다."

이 말과 함께 팔을 끼운 거라서 서둘러 가자는 의미로 받아들였다. 내가 보폭을 넓히자 덩달아 승주 걸음이 빨라졌다. 우리는 서로서로 잡아끄는 형식으로 몸을 이은 채 뛰듯이 걸었다.

"니들 뭐 하냐! 남자끼리."

부리나케 밥을 먹고 운동장 쪽으로 내달리던 같은 반 남자
애가 우리 옆을 지나다 불쑥 멈춰 서더니 시비를 걸듯 말했다.

"밥 먹으러 가지."

걸음을 멈추고 나오는 대로 툭 답했다.

"그러고?"

의아해하는 눈길로 우리를 훑어보던 반 아이가 턱을 내밀어
팔을 가리켰다. 그때까지도 승주와 나는 팔을 엮은 채였다. 나는
후다닥 팔을 빼냈다.

"우리끼리 노는 건데 니가 뭔 상관."

승주가 입을 삐죽이며 말했다. 가자고 하며 급식실 쪽으로
나를 잡아끌었다. 그 순간 내 몸에 닿은 승주 손이 거북하게 느껴
졌다. 마치 연인처럼 팔짱을 낀 채 복도를 걷고 계단을 올랐던 행
동이 신경 쓰였다. 생각해 보니 다른 아이들과는 어울리려 하지
않는 승주가 조금 부담스러워졌다.

"빨리 먹어야 급식 아주머니들이 정리하실 거 아냐."

지도 선생님 타박에 정신없이 허둥지둥 밥을 타느라 팔짱에
대한 시비는 금세 잊혔다. 점심을 먹고 난 후에 나는 지금껏 그래

왔듯 매점으로 가서 음료수를 한 캔 샀다. 한 번 양껏 들이킨 뒤에는 승주 것과 바꿔 마셨다.

다음 날 점심시간에도 승주는 내 팔을 감아 끼었다. 빨리 가자고 말하며 내 몸에 붙어 섰다. 나는 마지못해 승주에게 팔을 맡기고 열 걸음 남짓 걸었다. 어제 일이 생각났다.

"천천히 가."

짐짓 힘이 드는척하며 팔을 빼냈다. 혹시 서운해하는 건 아닌지 눈치를 살폈는데 승주는 아무렇지 않은 얼굴로 앞장서 걷기만 했다. 그러면 그렇지, 그냥 가벼운 장난일 뿐이야. 일순간 마음이 홀가분해졌다. 나는 "같이 가!" 소리치며 잰걸음으로 승주 옆에 섰다.

겨우내 방치되었던 대형 화분에 화초가 심기고 학교생활도 틀이 잡혀가던 어느 날 아침, 승주가 하얗게 변한 얼굴로 교실에 들어섰다. 나는 눈을 끔벅이며 대체 뭐 때문에 얼굴색이 달라진 건지 유심히 살폈다. 승주가 옆에 앉는 순간 향긋하면서도 거북한 냄새가 진하게 풍겼다. 여자아이들 옆을 지나칠 때나 맡아본 화장품 냄새였다.

"뭐 발랐냐?"

내가 퉁명스레 물었다.

"비비 발랐는데, 티 나?"

승주가 눈을 반짝이며 되물었다.

"비비? 그게 뭔데?"

"너는 그것도 모르냐? 피부를 매끈하게 정돈해 주는 로션이 잖아."

"그걸 네가 왜 해?"

"요즘엔 남자도 다 해. 여자만 예뻐 보이란 법 있냐!"

나는 고개만 주억였다. 여자보다도 더 예쁘게 꾸민 남자 아이 돌들이 떠올랐다. 따지고 보면 화장하는 남자들은 많았고, 화면 이 아닌 바로 옆에서 보는 일이 드물었던 것뿐이다. 비비 로션이 선크림 대신이라고 생각하면 화장이라고 할 수도 없었다.

다음 날 승주가 연분홍색 립글로스를 바르고 왔을 때는 싫 은 소리를 해주고 싶었다. 하지만 입을 꾹 다물었다. 뽀얀 얼굴과 반짝반짝 윤이 나는 입술이 불편했지만 그만큼 건드리고 싶지 않았다. 말을 뱉는 순간 무언가를 확인하고 싶어질 것 같았다. 그 냥 이대로 지내고 싶었다. 옆에 앉은 짝꿍으로서 같이 밥 먹고 함 께 특별실 가는 사이로. 승주를 외톨이로 만들고 싶지 않았다.

화단의 튤립이 꽃봉오리를 내밀 즈음 호모 새끼, 게이 새끼라는 말들이 귀에 들려왔다. 아니 어쩌면 그전부터 떠돌았는데 나만 못 들었는지도 몰랐다. 호모나 게이라는 욕설은 대부분 승주를 향했지만 가끔은 나와 승주 모두를 겨냥하기도 했다. 등 뒤에서 호모, 게이라는 소리가 들릴 때마다 나는 모르는척했고 승주는 내 눈치를 살폈다.

　　"더러운 호모 새끼들!"

　　반 남자애 하나가 우리를 지나치며 작지만 또렷하게 말했다.

　　"개새끼!"

　　나는 뒤를 노려보며 낮고 또렷하게 응답했다.

　　"미안해."

　　승주가 바닥에 눈을 둔 채 말했다. 나는 승주를 바라보았다.

　　"근데 나 게이 아냐."

　　"알아, 새꺄!"

　　나는 거칠게 쏘아붙이고 성큼 앞장서 걸었다. 늘 그래왔듯이 나란히 앉아 밥을 먹고 음료수를 들이켰지만, 승주와 나는 한마디 말도 하지 않았다.

　　"오줌 누고 갈 거야" 하며 나는 화장실 앞에 멈춰 섰다. 승주는 입을 꾹 다물고 턱을 주억이며 교실 쪽으로 걸어갔다. 소변기

앞에 서서 오줌을 누다 언제부터인지 승주가 화장실에 가지 않는다는 사실을 떠올렸다. 어쩌다 한두 번 수업 시간에 다녀오기는 했는데, 쉬는 시간에 가는 걸 본 기억이 없었다. 아니 대체 왜? 나는 훅 숨을 들이켰다.

다음 날, 너는 남자냐, 여자냐? 수학 선생님이 승주를 가리키며 말했다. 우하하하! 아이들은 대놓고 박장대소를 했다. 교실 안에서 유일하게 웃지 않는 사람은 승주와 나뿐이었다. 나는 눈두덩에 힘을 주고 칠판만 노려보았다. 다른 아이들처럼 웃고 싶었지만 웃을 수 없었다.

나 역시 승주에게 남자냐, 여자냐? 묻고 싶었다. 며칠 전부터 교복 재킷과 바지를 줄여 몸에 딱 붙게 입고 다니던 터라 언뜻 보면 바지 교복을 입은 여자애 같았다. 게다가 빨간색 립글로스에 검은색 아이라인이라니!

점심시간이 시작되고도 한참 동안 일어서지 않았다. 승주가 점심 먹으러 가자며 팔을 잡아끌었으면 나는 승주를 밀쳐내며 "나보고 대체 어쩌라고!" 고함을 질렀을지도 모른다. 하지만 승주는 그저 내 옆, 자기 자리에 앉아 책상만 내려다보았다.

어쩔 수 없이 내가 먼저 입을 열고 내가 먼저 일어섰다.

"배고프다. 점심 먹자."

책상 밖으로 발을 내밀었다.

"미안해."

기어들어 가는 승주 목소리에 쌩 고개를 돌렸다.

"빨리 나오라고!"

으르렁거리듯 낮게 말했다. 손끝으로 책상만 문질러대던 승주가 쭈뼛쭈뼛 일어섰다. 나는 재킷 주머니에 손을 넣고 주먹을 쥐었다. 복도로 나섰다. 승주가 한 발짝 뒤까지 따라와 내 등 뒤에 섰다.

"너 립글로스하고 아이라인 지워라."

힘을 주어 말했다.

"미안해."

승주가 나지막이 답했다.

"개새끼."

승주한테 들리도록 또렷이 말했다. 한 사람만 있으면! 승주 옆에 한 사람만 있었으면! 급식실 가는 내내 속으로 읊조렸다. 나 대신 너하고 밥 먹어줄 사람이 생기면 난 갈 거다, 그때까지만이다, 다짐하며 눈을 질끈 감았다 떴다.

제목 '승주 옆에 한 사람만 있으면'이 마음속 깊이 다가왔습니다. 부탁을 받았는데, 승주를 위해 어떻게 해줘야 할까요? 연민이 아닌 존중이 되어야 할 텐데……. 솔직히 말해서 내 옆에 승주와 같은 성소수자가 다가온다면 뒤로 한 걸음 물러나지 않겠다고 자신할 수 없습니다(성소수자인지는 확실히 모르지만 적어도 내 주변 사람들과는 다릅니다).

이런 내가 한심합니다. 조금 더 배우고 조금 더 성숙해지면 어떤 모습을 한 사람이든 포용할 수 있을까요?

└→ 말랑 몬스터

부족함을 인정하는 자세가 중요하지요. 나는 항상 옳고 바르다는 자만에서부터 타인에 대한 폭력이 생겨나잖아요. 그런 면에서 BOTONGE 님은 낯선 누구와 만나더라도 좋은 사람이 될 겁니다.

사춘기가 되면 성정체성에 혼란을 겪기도 한다던데 승주도 그런 게 아닐까 싶습니다. 그리고 승주의 성정체성은 자기 스스로 이야기하지 않는 이상 단정할 수 없습니다. 핵심은 어떤 정체성이든 존중받아야 한다는 사실입니다. 그러려면 나부터 열린 자세를 갖추어야겠지요.

└→ 책먹다뱉은여우

맞아요. 주변인들이 섣부르게 승주의 성정체성을 판단하려고 들면
안 됩니다. 그건 오로지 승주 자신만이 할 수 있으니까요. 강제 아
웃팅은 폭력입니다.

일부 청소년이 성소수자를 놀림거리로 여기는 것은 문제입니다.
이를 호모포비아 현상이라고 하는데, 남자다움을 강요하는 문화
의 반작용으로 남성들 사이에서 더 심하게 나타난다고 합니다.

아웃팅(Outing)
성소수자의 성적 지향이나 성별 정체성에 대해 본인의 동의 없이
주변에 밝히는 행위. 반대말은 커밍아웃(Coming Out)으로 성소수
자 스스로 자신의 성정체성을 다른 사람들에게 공개하는 것.

호모포비아(Homophobia)
동성애 또는 동성애자들의 성적 행위 혹은 존재 자체에 대한 부정
적 감정과 태도, 행동을 아우르는 말.

└→ 도토리

천원쌤이 소개해 준 책 《차이에 관한 생각》을 읽었어요. 이 책에
도 성소수자에 대한 이야기가 나옵니다. 정확히는 '성소수 영장류'

사춘기 교실에서
           여학생과 남학생이 사는 법

이야기예요. 인간이 아닌 다른 영장류에도 동성애와 트랜스젠더가 존재하더라고요. 게다가 대부분의 보노보는 양성애자라고 합니다. 포유류 중에 숫양도 12마리 중 1마리는 강한 동성애 취향을 가지고 있대요. 특히 인상 깊었던 부분은 침팬지 '도나'에 관한 일화입니다. 도나는 암컷의 몸에 수컷의 습성을 지닌 젠더 비순응 침팬지인데, 살아있는 동안 무리에 배척당하지 않고 잘 어울려 지냈다고 합니다.

∟ 칸

저도 《차이에 관한 생각》을 재미있게 읽었습니다. 특히 원숭이들은 털 색깔이 자기와 다른 원숭이가 태어나도 전혀 개의치 않고 수용한다는 사실이 흥미로웠습니다. 인간들은 조금만 달라도 배척하는데, 원숭이는 아무런 거부감 없이 동료를 생긴 그대로 인정한다니 멋지지 않나요?

몽골에서 온 나로서는 부러웠습니다. 모습이 비슷해도 국적과 이름이 달라 소외된다고 느낄 때가 많거든요. 승주도 나처럼 소외감을 가진 채 학교생활을 하지 않을까 싶습니다.

어떤 성정체성을 가졌는지는 모르겠지만, 승주 역시 다른 사람들처럼 그 자체로 행복하게 살아야 합니다. 내가 다문화라는 이름으로 한국 사회에 받아들여지듯이 승주도 젠더 다문화라는 이름으로 사람들에게 받아들여지면 어떨까요.

다양한 성정체성을 법으로 인정하는 나라도 있습니다. 미국과 유럽의 여러 나라에서 동성끼리의 결혼이 가능하다는 사실을 아시나요?

동성 결혼이 합법인 국가는 세계적으로 총 31개국입니다. 불법이면서 처벌까지 하는 국가는 70여 개국이고요. 아시아에서는 대만이 합법화된 유일한 나라입니다(2019년부터). 우리나라에서는 동성 결혼 합법화는커녕 생활동반자법도 통과되지 못하고 있습니다.

다른 나라에서도 동성 결혼 합법화 이전에 가족법부터 만들어 그 기초를 닦았다고 해요.

영국에서는 시민동반자법, 미국에서는 시민결합제도, 프랑스에서는 시민연대협약으로 새로운 형태의 가족을 법적으로 공식화했어요. 다른 나라의 가족법과 같은 법률이 우리나라에서는 생활동반자법입니다.

2020년 여성가족부의 '가족 다양성에 대한 국민인식조사'에 따르면 10명 중 6명이 법령상 가족의 범위를 사실혼과 비혼 동거까지 넓히는 데 찬성하는 것으로 나타났다고 합니다. 혼인, 혈연 여부와 상관없이 생계와 주거를 공유한다면 가족으로 인정해야 한다는

의견에는 10명 중 7명이 동의했고요. 시대와 여론에 맞추어 생활
동반자법이 빨리 만들어져야겠습니다.

생활동반자법

정확한 명칭은 '생활동반자관계에 관한 법률'로 다양한 형태의 생
활공동체를 사회 구성의 법적 단위로 인정하자는 취지를 담고 있
다. 이 법이 제정되면 생활 동반자는 서로의 법적 보호자가 될 수
있다. 2005년 10월 국가인권위원회의 권고로 여러 차례 법제화를
시도했지만, 동성애를 조장한다는 국회 내 보수 계열 의원과 보수
종교계의 반대로 실패했다.

천원쌤 더하기

성(性)은 섹스(Sex)와 젠더(Gender)로 나뉩니다. 섹스는 생물학적 성을, 젠더는 사회적 성을 말하는데 최근에는 둘을 구분하지 않고 사용합니다. 생물학적 성도 사회적 영향을 받기 때문이라고 합니다.

성과 관련해 알아야 할 개념으로 성정체성(Gender Identity)과 성적 지향(Sexual Orientation)이 있습니다. 성정체성은 자신의 젠더에 대한 자각, 자아의식을 말하고, 성적 지향은 자신이 이끌리는 이성, 동성, 혹은 복수의 성 또는 젠더를 나타냅니다.

남성과 여성으로만 구분하는 성 이분법을 벗어나 최근에는 다양한 성정체성을 인정하는 추세입니다. 더 나아가 젠더를 연속체와 유동성의 개념으로도 설명합니다. 각 개인은 남성성과 여성성 사이의 한 지점을 성정체성으로 갖고 그 성정체성 역시 상황

사춘기 교실에서
여학생과 남학생이 사는 법

에 따라 변할 수 있지요.

대표적인 성정체성의 종류

· **남성과 여성**

· **안드로진:** 남성과 여성이 혼합된 성별

· **뉴트로이스:** 남성도 여성도 아닌 제3의 정체성

· **에이젠더:** 어떠한 성별에도 속하지 않는다고 느끼는 성별

· **젠더리스:** 젠더가 없는 상황

· **바이젠더:** 두 가지 젠더가 시간, 장소, 심리 상태, 상황 등에 따라
　　　　　　전환이 이루어짐

· **트라이젠더:** 세 가지 젠더를 가지고 때에 따라 다른 젠더로 전환

· **팬젠더:** 모든 젠더의 성정체성을 가진 성별

· **젠더플루이드:** 성정체성이 고정적이지 않고 상황, 심리 상태에 따
　　　　　　라 유동적으로 변함

　성적 지향은 시대와 문화에 따라 인정받거나 탄압됩니다. 그 사례로 그리스에서는 동성애가 지배층 남성들 사이의 일반적인 성애(性愛) 형식이었지만, 중세 기독교 사회에서는 처벌의 대상이 었습니다.

대표적인 성적 지향의 종류

· **이성애자**: 성별이 다른 이성에게 감정적, 성적으로 끌리는 사람

· **동성애자**: 동성에게 이끌리는 사람(남성 동성애자는 게이, 여성 동성애자는 레즈비언)

· **양성애자**: 남성과 여성 둘 다 좋아하는 사람

· **무성애자**: 어떠한 성별에도 성적으로 끌리지 않는 사람

· **범성애자**: 젠더퀴어를 포함한 모든 성별에 감정적, 성적으로 끌리는 사람

· **다성애자**: 세 개 이상의 젠더에 끌림을 느끼는 사람

이탐반의 생각거리 ⚡✦

퀴어(Queer)라는 말을 들어본 적이 있나요?
왜 생겨났고, 지금은 어떻게 쓰이고 있나요?

강한 남자 뒤에 숨은 폭력 :
우리 반 일진 길들이기

말랑 몬스터

우리 반에는 일진이 한 명 있다. 이름은 승주, 성별은 남자, 성적은 반에서 일등, 외모도 반에서 일등, 태어난 집의 경제력도 일등이다. 게다가 엄마는 변호사, 아빠는 의사다. 모든 게 완벽한데 왜 일진이 되었는지는 의문이다. 어쩌면 아기였을 때부터 최고라는 소리만 듣고 자라 우월감에 빠졌을지도 모른다.

아무튼 이 정도 조건을 갖춘 일진 승주를 견제할 사람은 없다. 담임이라면 견제가 가능하겠지만 담임은 승주를 잘 모른다. 아주 가끔 담임 앞에서도 거친 태도를 보이지만, 다혈질인가 보다, 청소년 남자니까 그럴만하지, 정도로 안일하게 판단하는 것 같다. 워낙 공부 잘하고 말 잘하는 유형인 데다 공적으로 권위를 부여받은 담임 앞에서는 고분고분하니까.

그나마 다행인 것은 우리 반에 일진이 승주 한 명뿐이라는 사실이다. 승주는 주로 다른 반 일진 네 명과 어울려 다닌다. 점심을 먹으러 급식실에 갈 때나 수업이 끝나 하교할 때 다섯 명이 떼로 움직인다. 우리 평범한 아이들은 승주 무리를 보고도 못 본척한다. 우리는 우리, 일진은 일진이라고 따로 떼어 생각한다.

학기 초반에는 별문제가 없었다. 하지만 학기 중반을 넘기면서부터 하루가 다르게 교실 분위기가 엉망이 되어갔다. 남자아이들 몇몇이 승주 밑으로 들어가 그 위세를 등에 업고 함부로 굴었기 때문이다.

그 아이들은 승주를 흉내 내어 여자아이들을 계집애라 얕보고, 툭하면 책상을 발로 차고, 남의 물건 가져다 제 것인 양 사용하고, 마음이 약한 아이들에게 심부름시킨다. 학급 운영에도 피해를 준다. 성적과 관련된 과제나 평가는 눈에 불을 켜고 챙기지만, 청소 같은 학급 업무는 나 몰라라 한다. 너희같이 시시한 놈들이나 하는 일이다, 나 같은 남자는 안 해도 된다, 거드름을 피우며 무시한다.

문젯거리가 승주 한 명일 때는 그럭저럭 지나갔는데 남자아이들 서넛이 동참해 그 수가 많아지면서 순식간에 감당 불가능한 수준이 되었다. 여자아이들 몇몇은 승주와 승주 따라쟁이들이 뱉어내는 여성 비하 발언을 대차게 받아쳤지만 역부족이었다.

그럴수록 그 애들은 말도 안 되는 말을 경쟁적으로 쏟아내며 힘으로 위협하려 들었다.

거친 항의는 거친 폭력으로 더 거친 항의는 더 거친 폭력으로 이어졌다. 그럴수록 일진 승주는 기세등등해져 반 아이들 전체를 자기 부하처럼 통제하려고 했다. 어쩔 수 없다고 상황에 순응하는 아이들이 생겨났고, 이건 아니다 벼르는 아이들도 그만큼 하나둘 늘어났다. 조만간 갈등이 싸움으로 번지고 담임이 현 사태를 알게 되는 건 시간문제였다.

지금까지 내 경험에 따르면 담임이 나서는 순간 아이들은 더 은밀하게 더 나쁜 짓을 할 게 빤했다.

'하루하루 미룰수록 되돌리기 힘들어져. 빨리 행동해야 해!'

평화로운 학교생활을 기대했던 만큼 내가 지금 가만히 머뭇대기만 하면 안 된다는 판단이 섰다.

친구들이 학원에서 돌아오는 시간에 맞추어 뜻과 행동을 같이할 만한 일곱 명의 아이를 단체 대화방에 초대했다. 아이들 역시 학급이 혼돈 속에서 굴러가는 걸 원하지 않았다. 이 학년이 끝나고 반이 바뀌려면 아직 많은 시간을 견뎌야 했다.

승주와 승주에게 달라붙은 따라쟁이 서넛이 골칫덩이 가해자로 변신 중이고 '가해자 예방 교육'이 필요하다는 사실에 모두

동의했다. 하지만 방법을 찾는 과정에서 막히고 말았다. 하루 동안 연구해 보고 내일 저녁 이 시간에 만나 어떻게 할지 결정하자고 대화를 마무리 지었다.

두 번째로 모인 날, 책을 좋아해서 도서부원을 맡은 시아가 행동 방향을 제시했다. 관련 도서를 읽고 나름대로 추려온 내용을 공유해 주었다. 더 좋은 방법이나 보완책을 찾기 위해 한 시간 남짓 논의했지만, 다른 대안을 찾을 수 없었다. 결국 시아의 의견을 따르기로 했다.

승주와 따라쟁이들이 누군가를 괴롭히려 할 때마다 지체 없이 막아선다가 핵심이었다. 구체적인 행동 요령도 정했다. 승주와 따라쟁이들의 부당한 요구나 행동에 맞서 정확하게 자기 의사를 표현하자는 내용을 반 아이들에게 몰래 홍보하기로 했다.

나와 짝꿍 영민이 첫 번째로 행동에 나섰다. 승주 따라쟁이 둘이 복도에서 여자아이들 세 명에게 폭력적으로 행동하는 장면을 발견하고, 영민과 나는 눈빛을 교환한 뒤 그쪽으로 다가갔다.

서로 립밤을 보여주며 이야기하던 여자아이들에게 계집애들이 시끄럽게 떠든다고 따라쟁이들이 시비를 걸고 있었다.

나와 영민은 여자아이들 앞에 섰다. 그리고 계집애라는 말을 들으면 기분이 어떨 것 같냐고 따라쟁이들에게 물었다.

사춘기 교실에서
여학생과 남학생이 사는 법

"재수 없는 새끼. 네가 뭔 상관인데!"

덩치가 큰 따라쟁이가 실실 웃으며 압박해 왔다.

"상관한 건 미안해. 하지만 너는 지금 여성 비하 발언을 했어. 그건 이유 없이 상대를 비난하는 행동이고 옳지 않아. 사과하는 게 좋지 않을까?"

"미친 새끼! 너 쟤들 좋아하냐?"

"응, 좋아해. 쟤들은 내 친구고 나는 쟤들 편이야."

"그래, 못생긴 것들끼리 편먹어라."

따라쟁이 둘이 건들건들 뒷걸음질을 쳤다.

"계집애같이 생겨서 키도 뭐만 한 게, 아유."

우리를 향해 주먹을 드밀어 보인 다음 교실로 들어갔다.

따라쟁이들의 못된 행동은 쉽게 고쳐지지 않았다. 자기보다 힘없는 아이들을 윽박지르거나 장난삼아 툭툭 치고 다녔다. "재수 없게 굴어서 경고한 거니까 모든 건 쟤들 잘못이다"라며 애먼 아이들 탓을 했다. 우리 중 서넛이 팀을 이루어 막아서면 어느 때는 마지못해 물러섰지만, 때론 우리까지 공격하려 들었다.

우리는 일주일 동안 진지함을 잃지 않고 따라쟁이들의 건방지고 못된 행동을 막아섰다. 하지만 비슷한 과정이 반복되자 따라쟁이들은 우리를 적으로 삼았다. 대놓고 무시하는 말을 하거나 놀리려 들었다. 일진 승주가 그들 뒤에서 힘을 보태기 때문에 겁내는 것 없었다. 우리가 용기를 끌어모아 따라쟁이들의 기세를 꺾어놓을라치면 승주가 "에잇 씨팔, 뭐 하는 짓거리야!" 하고 고함을 지르거나 발로 책상을 걷어찼다. 그러면 따라쟁이들이 그 위세를 타고 우리의 진지함과 정의감을 가볍게 비웃었다.

승주를 바꾸지 않으면 무엇 하나 바꿀 수 없다는 사실을 인정해야 했다. 애초에 승주의 잘못된 행동을 묵인하고 방관한 것이 문제의 시작이었다. 승주의 폭력을 침묵으로 넘긴 우리의 비겁함이 그동안 승주에게는 자신의 폭력을 허락하는 제스처로 읽혔을 거였다.

우리는 다시 단체 대화방에 모였다. 나는 "승주, 어쩌지?" 하며 애서 피하고 싶던 문제를 수면 위로 밀어 올렸다. 한참 동안 정적이 흘렀다.

"힘에 중독되고 허세에 취한 놈."

시아가 먼저 대답했다.

"나쁜 남자가 멋있는 남자라고 착각하는 놈."

부반장 민서가 째깍 받아치자, "다른 사람은 어찌 되든 제 권리만 챙기는 놈"이라고 짝꿍 영민이 그 뒤를 이었다.

"누구에게나 인권이 있다는 사실을 깡그리 무시하다가 시험

볼 때만 기억하는 놈."

정보부원 아름이 말했다. 날카로운 지적이었다. 그래 인권! 모든 불의에 대적할 힘을 지닌 말이 인권이잖아. 그리고 우리에게는 학생인권조례가 있어.

"승주한테 학생인권조례를 보여주는 건 어때?"

내가 제안을 올리자, 시아가 "학생인권? 먹힐까?"라고 응답했다. "먹히게 해야지" 하며 내가 한 걸음 더 나서자, 영민이 "어떻게?" 하고 물었다.

"일단 학생인권조례를 여러 권 인쇄해서 승주를 만나자고. 우리 여덟이 함께! 학생인권조례를 선물하면서 우리에게도 너와 똑같은 권리가 있다고 선언하는 거지. 그다음에 하지 말아야 할 행위도 구체적으로 제시하고."

내가 의견을 올리는 순간 민서가 곧바로 "무시하면?"이라고 되받았다.

"받아들일 때까지 계속 압박해야지. 워낙 공부에는 민감한 놈이니까 책에 나온 건 무시 못 할걸."

우리는 월요일 아침 등교하자마자 학생인권조례를 나눠 가지며 의지를 다졌다. 곧바로 일진 승주에게 걸어가 복도로 나가서 대화 좀 하자고 말했다.

"니들이 뭔데?"

승주는 느릿느릿 주머니에 손을 찔러 넣으면서 우리들의 대면 요청을 같잖다, 무시했다.

"그럼 이거 읽어봐"

나는 학생인권조례 한 권을 책상 위에 내려놓았다.

"뭐냐?"

승주는 팔짱을 낀 채 눈으로 한번 쓱 훑더니 팔을 빼내 툭 쳐냈다. 하지만 긴장한 기색까지 감출 수는 없었다. 예상한 대로 승주의 머릿속은 복잡해지고 있었다.

└, 말랑 몬스터

'해로운 남성성'의 대표적인 사례를 생각하다 일진 이야기를 썼습니다. 그런데 '해로운 남성성'이라는 말이 무슨 뜻인지 짐작되나요? 올해 초 책에서 이 말을 봤는데 처음에는 무척 충격받았습니다.

'남자가 해롭다고? 그럼 나도 남자니까 해로운 존재라는 거잖아!'
용어의 의미를 몰라 이렇게 받아들였거든요. 하지만 내용을 확인해 보니 모든 남자가 해롭다는 뜻이 아니었습니다. 남성의 폭력성을 이르는 말이었습니다.

해로운 남성성에 빠진 남자들은 '강한 남자' 이미지에 갇혀 여성의 지위를 낮게 인식하고 여성을 통제하려 듭니다. 통제 수단으로 신체적, 정신적 폭력을 행사하고요. 남자는 지배하고 여자는 복종한다는 잘못된 가부장적 성별 규범이 내면화되었기 때문인데, 이런 남자들은 여자만 해치는 것이 아니라 자기 자신도 해칩니다. 다른 사람들과 원만한 관계를 유지하지 못해 결국 혼자 고립되고 마니까요.

└ 잡스

〈우리 반 일진 길들이기〉를 읽으면서 '이런 게 학교폭력이지' 하며 고개를 끄덕였습니다.

대뜸 목소리를 높이고 주먹부터 내지르는 아이들을 보면, 대체 왜 저 모양인가 이해할 수 없었는데, 말랑 몬스터 님에게 '해로운 남성성'에 대한 설명을 들으니 어느 정도 납득이 됩니다.

청소년 시기의 '해로운 남성성'은 학교폭력으로 나타납니다. 우리에게 학교폭력은 벗어나야 할 위협이고 절대 가까이하면 안 되는 폭탄입니다. 나하고는 상관없다 무시하지만, 어느 순간 코앞에서 폭발해 옴짝달싹 못 하게 만듭니다. 그러니 만약을 대비해 관련 상식을 잘 익혀두어야 합니다.

학교폭력에 대해 꼭 배워야 할 내용을 정리했습니다.

학교폭력

학교 내외에서 학생을 대상으로 발생한 신체나 정신 또는 재산상의 피해를 수반하는 행위이다. 상해, 폭행, 감금, 협박, 약취, 유인, 명예훼손, 모욕, 공갈, 강요적이고 강제적인 심부름 및 성폭력, 따돌림, 사이버 따돌림, 정보통신망을 이용한 음란, 폭력 정보의 일방적 제공 등이 모두 해당한다.

학교폭력예방법

학교폭력의 예방과 대책에 필요한 사항을 규정하는 법으로 피해학생을 보호하며 가해학생을 선도, 교육하고 피해학생과 가해학생 간의 분쟁 조정을 통하여 학생의 인권을 보호한다. 이를 통해 학생을 건전한 사회 구성원으로 육성할 목적으로 제정되었다. 가해학생을 처벌하기보다는 선도와 교육에 주안점을 둔 법률이다.

└→ 학고

나도 학교폭력에 대해 조사했는데 한발 늦었군요. 조금 아쉽지만, 잡스 님이 잘 설명했으니 다른 내용을 소개하겠습니다(학생에게는 긍정적인 부분도 많으니까요).

2021년 한국청소년정책연구원에서 초중고 학생을 대상으로 인권 실태를 조사한 자료를 보고 정리해 보았습니다(초등학생은 4학년~6학년). 청소년인 우리 자신과 관련된 정보예요.

2021 아동청소년인권실태조사

청소년의 87.3%는 청소년도 사회문제나 정치문제에 관심을 두고 의견을 제시하는 등 사회에 참여할 필요가 있다고 생각한다.

청소년의 97.1%는 남자와 여자가 모든 면에서 평등한 권리를 가져야 한다고 생각한다. 양성평등의식은 해가 갈수록 높아지고 있으며, 그 강도도 세졌다.

청소년의 97.8%가 가정형편에 따른 차별에 반대한다. 이런 경향은 갈수록 높아지고, 그 강도도 세졌다. 또한 94.3%는 외국인에게도 동일한 교육 기회가 제공되어야 한다고 생각한다.

청소년의 96.9%는 모든 사람이 자신의 의견을 언제나 자유롭게 표현할 수 있는 권리를 가져야 한다고 생각한다. 결정 능력이 부족하기 때문에 청소년은 부모님이나 선생님의 생각에 따라야 한다는 견해에 동의하지 않는 청소년은 69.6%이다. 표현의 자유에 대한 의식과 강한 긍정의 비중도 꾸준히 높아지고 있다.

└→ 책먹다뱉은여우

학고 님에게 고맙다고 말하고 싶습니다. 자료를 읽으면서 우리들의 높은 의식 수준에 마음이 뿌듯했거든요. '학생인권조례'가 청소년을 망친다고 부정적으로 말하는 어른들에게 꼭 보여주고 싶은 자료입니다.

공부 잘하는 일진 승주, 그래서 할 말 못 하게 만드는 일진 승주에게 학생인권조례를 내밀 생각을 하다니 말랑 몬스터 님의 창의적 사고에 박수를 보냅니다. 누구나 참고할 수 있도록 교실 앞뒤에 학생인권조례를 비치해 두는 건 어떨까 하는 의견을 더해 봅니다.

───────────────────────────────

└→ 도토리

좋은 생각이에요. 학생인권조례는 지자체와 교육청에서 제정하는데 학생인 우리가 꼭 알아야 할 상식입니다. 조례 내용 중에서 핵심 부분을 정리했습니다.

가. 차별받지 않을 권리(제5조)

나. 폭력으로부터 자유로울 권리(제6조)

다. 정규교과 이외의 교육활동의 자유(제9조)

라. 두발, 복장 자유화 등 개성을 실현할 권리(제12조)

마. 소지품 검사 금지, 휴대폰 사용 자유 등 사생활의 자유 보장(제13조)

바. 양심·종교의 자유 보장(제16조)

사. 집회의 자유 및 학생 표현의 자유 보장(제17조)

아. 소수자 학생의 권리 보장(제28조)

자. 학생인권옹호관, 학생인권교육센터의 설치 등 학생인권침해 구

사춘기 교실에서
여학생과 남학생이 사는 법

제(제38조, 제42조)

└▶ BOTONGE

말랑 몬스터 님이 폭력을 막는 방법으로 '선한 영향력'을 선택했구나, 흐뭇했습니다. 나 역시 기회가 온다면 용기를 내어 행동에 동참해야겠다 마음도 먹었고요. 한 사람이 용기 있게 나서서 주위 친구들을 모으고 같이 행동해 어려운 누군가를 보호하고, 더 나아가 폭력에 무관심한 사람들의 감수성을 깨우고, 폭력이 용납되지 않는 분위기를 만들어 다 같이 즐거워지는 일, 너무 좋습니다.

└▶ 칸

'가해자 예방 교육'이라는 말에 크게 공감했습니다. 남에게 해를 끼치지 않도록 미리 조심시키는 게 최고잖아요. 어떤 방법을 써야 따라쟁이들의 공격성이 고쳐질까 생각해 보았습니다.

'한발 먼저 다가서기'는 어떨까요? 잘못된 행동을 비난하는 것보다 잘한 일에 칭찬을 많이 한다거나 화를 낼 때, 그 친구의 마음이 어떤지 살피고 공감해 주는 거요. 처음에는 비웃거나 반발하겠지만 어느 순간부터는 자신의 거친 행동들이 민망해지고 부끄러워지지 않을까요?

칸 님의 예방법에 박수를 보냅니다. 100% 완수할 자신은 없지만 30% 정도만이라도 꼭 실천해야겠습니다. 그러면 가해자 예방을 떠나 인성 좋은 사람이 될 것 같습니다.

내 옆에 승주와 같은 일진이 활동한다면 어떨까 상상해 보았습니다. 엄청 신경 쓰이고 힘들 것 같습니다. 직접적으로 나를 괴롭히지 않더라도 눈치를 볼 수밖에 없잖아요.

남학생 사이에 존재하는 힘겨루기, 서열 문화는 또 어떻고요. 학년이 새로 시작되면 일단 누가 센가부터 파악하고 그에 맞추어 행동하잖아요. 힘의 논리가 남자의 특성이라고 합리화하기도 하고요. 나쁜 건 우리 스스로 없애야 하지 않을까요? 다 같이 진지하게 고민해야 할 문제라고 생각합니다.

천원쌤 더하기

해로운 남성성은 폭력이라는 형태로 모습을 드러냅니다. 그 때문에 심각한 사회문제로 인식되지요. 누구도 폭력으로부터 자유로울 수 없습니다. 그러나 폭력은 '있을 수 있는 일'이 아니라 고쳐야 할 해악입니다. 최근의 연구는 남성의 폭력성에 대한 원인 중 하나로 맨박스를 제시합니다.

맨박스(Manbox)
진짜 남성이란 무엇인가를 규정하는 규범으로 남자다움에 대한 고정관념을 말한다. 예를 들면 남자는 강하다, 거칠다, 울지 않는다, 힘이 세다, 이성애자다 같은 인식이나, 남자라면 자신을 보호해야 한다, 운동을 잘해야 한다, 경쟁적이고 자신감이 있어야 한다 등의 편견이 이에 해당한다.

아랫글은 양성평등과 비폭력을 촉진하기 위해 조직된 비영리 단체 프로문도(Promundo)가 18~30세 남성을 대상으로 맨박스에 관해 연구하여 발표한 내용입니다.

> 맨박스에 갇힌 남성들에게 남자다움의 핵심 요소는 자급자족, 거친 행동, 육체적 매력, 확고한 남성적 역할, 이성애, 동성애 공포증, 넘치는 성욕, 공격성 및 통제성 등이다. 이러한 요소들의 영향으로 맨박스에 갇힌 남성들은 그렇지 않은 남성들에 비해 성추행을 많이 저지르고(멕시코 3배, 영국 6배), 술이나 약물에 취하는 등의 위험 행동을 한다. 폭력적 성향을 보이는데 직접적 괴롭힘뿐만 아니라 온라인에서도 타인을 괴롭힌다.

맨박스는 아동 청소년기를 거치며 가족, 또래집단, 사회 분위기, 미디어, 교육 내용 등에 의해 만들어집니다. 그만큼 영향력이 상당해 맨박스를 벗어나는 행동을 했을 때 주변으로부터 비난받거나 또래로부터 소외당하기도 하지요.

남자는 강해야 한다는 편견 때문에 힘을 기준으로 줄 세워지고, 남자는 감정적이지 않다는 압력 때문에 자신의 우울함, 슬픔, 두려움을 표현하지 못합니다. 더 나아가 이러한 감정을 폭력으로 전환해 자신뿐만 아니라 타인에게 해를 끼치기도 합니다.

이탐반의 생각거리 ⚡✦

맨박스와 해로운 남성성은 어떤 관계이며
맨박스에 갇힌 이들을 어떻게 상대해야 할까요?

공차는 데 발 말고 뭐가 필요해

도토리

나는 승주입니다. 남자이고 중학교 이 학년이고 몸집이 작습니다. 그리고 운동을 좋아합니다. 특히 풋살에 푹 빠졌는데 풋살은 나의 기쁨입니다. 그래서 교내 풋살 동아리에도 가입했습니다. 동아리 이름은 코뿔소, 내 생각에는 진짜 촌스럽지만, 동아리를 처음 만든 선배들은 멋지다고 생각했겠지요.

코뿔소 풋살은 지역 학생 동아리 중에서는 꽤 알아줍니다. 전국대회에서는 우승하지 못했지만 지역대회에서는 우승한 적이 몇 번 있습니다. 제가 가입한 해에는 최고 높은 순위가 삼 등이었는데 졸업한 선배들은 날아다녔다고 삼 학년 형들이 자랑하더라고요.

내 별명은 벤치남입니다. 시합 나갈 때면 항상 구장 밖 벤치에 앉아있다고 이런 별명이 붙었습니다. 벤치녀도 있는데 이름은 혜진이고 나와 같은 이 학년입니다. 그래도 나는 교체선수로 시합에서 잠깐씩 뛰지만 혜진이에게는 그런 기회조차 주어지지 않습니다.

어제 시합에서는 오전 내내 벤치만 지키고 있는 게 너무 짜증 나 차라리 풋살을 그만둘까 푸념했습니다. 옆에 앉은 혜진이에게요.

"그러지 마라."

혜진이가 눈을 똥그랗게 떠 보이며 말했습니다.

"넌 화도 안 나냐?"

나는 상대 선수에게 공을 빼앗긴 채 꽁무니나 쫓아다니는 성철이를 노려보았습니다. 성철이는 같은 이 학년인데 키도 덩치도 큽니다. 그래서인지 실력은 나랑 비슷한데, 아니 날렵함이 나보다 못한데도 시합 때마다 주전으로 뜁니다.

너는 몸싸움에 약하니까 일단 대기해. 시합 시작 전에 내가 늘 듣는 소리입니다. 몸싸움, 풋살은 격투기가 아닌데 매번 말이 안 되는 이유로 밀려납니다. 툭 터놓고 말해서 단지 몸이 왜소하다고 그러는 건데, 나는 뭐라 항의도 못 하고 있습니다.

그러니 여자인 혜진이는 말할 것도 없습니다. 동아리 안에서 연습경기를 할 때조차 대부분 구경만 시킵니다. 어쩌다 사람 수가 부족하면 끼워주기도 하는데 사사건건 혜진이를 구박합니다. 어떤 선수는 자기가 실수해 놓고, 혜진이 피하다 그랬다며 핑곗거리로 삼습니다. 몸이라도 부딪히면 성추행으로 오해받는다면서요.

"너 진짜 독하다. 시합 때마다 참가하고."

나는 혜진이를 보며 고개를 절레절레 저었습니다.

"풋살을 좋아하고 풋살이 하고 싶으니까. 삼 학년이 되면 나를 무시하지 못할 거야. 아무리 여자라도 내가 최고 선배인데 누가 뭐라겠어?"

혜진이가 어깨를 으쓱해 보였습니다.

"그때까지 있을 거야? 이렇게 벤치만 지키면서?"

"응. 졸업하는 날까지."

동아리 가입 신청서를 내던 날이 떠올랐습니다. 혜진이는 동아리 가입을 신청한 일 학년 다섯 명 중에서 유일한 여자아이였습니다. 현재도 동아리에서 유일한 여자이고요.

처음부터 선배들은 여자인 혜진이를 동아리에 받아주지 않으려 했습니다. 넌 여자라서 안 돼, 턱을 치키고 거드름만 피웠습니다. 그러자 혜진이는 지도 선생님을 데리고 왔습니다. 지도 선생님은 "한울중 학생이면 누구나 가입 자격을 가졌으니까, 가입 신청 받아"라고 지시했지요.

"내가 삼 학년이 되면 신청하는 여자아이들 모두 받을 거야."

혜진이가 물을 한 모금 들이켜면서 말했습니다.

올 초에 여자아이들 두 명이 신청했는데 역시나 삼 학년 선배들이 돌려보냈습니다. 그 아이들은 지도 선생님을 찾아가지 않았습니다. 실망한 얼굴로 돌아서서는 어이없다는 듯 헛웃음을 지었습니다.

"시합 때 공평하게 뛸 수 있게 하고."

혜진이가 힘을 주어 말했습니다.

"맞아. 모두한테 기회를 줘야지! 실전에서 뛰어봐야 실력이 느는 건데."

따가운 햇볕 아래서 멍하니 구경만 하는 게 너무 억울했습니다. 키 작다고 안 시키고 경기에 뛰지 못하니 실력은 제자리고. 이러다 삼 학년 때나 겨우 주전선수가 되겠구나 싶었어요.

"참, 너 다친 데는 괜찮아?"

연습 시합 때 혜진이가 잠깐 뛰었는데, 삼 학년 선배가 발을 걸어 호되게 굴렀거든요. 그 바람에 혜진이는 발목을 접질렸고 다시 벤치로 돌아가 쉬어야 했습니다.

삼 학년 선배가 일부러 그랬다는 걸 알면서도 누구 한 명 나서지 않았습니다. "미안, 니가 너무 가까이 와서 어쩔 수 없었어"라는 터무니없는 변명이 따라붙었지만, 어쨌든 선배가 미안하다고 했거든요. "너 피하려다 그런 거니까 다음부터는 앞에서 얼쩡거리지 말고 조심해"라고 앞서 한 사과가 무색하게 곧바로 협박도 했지요.

"집에서 찜질했어."

혜진이가 무심하게 답했습니다.

"풋살 계속 할 거야?"

내가 툭 묻자, 혜진이가 대답 대신 나를 빤히 보았습니다.

"너도 내가 거치적거려?"

"아니! 나는 네가 힘들어 보여서 그러지."

나는 급하게 팔을 내둘렀습니다.

"나 없으면 너는 어떻게 훈련할 건데?"

"훈련? 그거야……."

하기는 혜진이가 그만두면 나와 공을 주고받을 짝도 사라지는 셈입니다.

"야, 김혜진! 가서 물 좀 사 와!"

발을 걸었던 삼 학년 선배가 소리를 질렀습니다. 어느새 시합이 끝났는지 선수들이 하나둘 구장 밖으로 나오고 있었습니다.

"내, 내가요?"

"그래, 벤치에서 노는 사람이 해야지. 누가 하냐? 너는 시합에 나갈 일도 없잖아."

삼 학년 선배가 눈을 부라렸습니다.

"싫은데요."

혜진이가 굳은 얼굴로 차갑게 응답했습니다.

"뭐? 이게!"

삼 학년 선배가 주먹을 들어 보이며 위협했습니다.

"차별이에요, 차별!"

혜진이가 벌떡 일어나 삼 학년 선배를 노려보았습니다. 그러다 옆에 놓아둔 가방을 낚아채듯 메고 성큼성큼 경기장 밖으로 걸어 나갔습니다. 동아리원들은 재미있다는 듯 빙글빙글 웃어대기만 할 뿐 혜진이를 말리지 않았습니다. 나는 어떻게 해야 하나 선배들 눈치를 보다 혜진이를 향해 뛰었습니다.

혜진이 옆에 서서 한참을 따라 걷다가 편의점 앞에 멈춰 섰습니다.

"목마르지 않냐? 시원한 음료수 마시자. 내가 살게."

나는 음료수 두 캔을 사서 혜진이에게 하나를 내밀었습니다.

"풋살 그만둘 거야?"

파라솔 밑에 앉아 내가 조심스럽게 물었습니다.

"아니, 코뿔소 그만둘 거야. 새로 동아리 만들 건데 너도 들어올 거지?"

"새로? 어떻게?"

"지금부터 연구해야지."

딸깍! 혜진이 캔 뚜껑을 잡아서 따며 말했습니다.

풋살 동아리가 두 개? 아이들이 올까? 자율 동아리라서 들어왔다가도 나가는 아이들이 반인데. 그러고 보면 풋살이 싫어서 그만두기보다는 키가 작다고, 몸이 느리다고, 힘이 없다고 타박받다 그만둔 경우가 대부분이었습니다. 처음부터 여자라고 받지 않은 경우까지 있고요.

"언제 시작할 건데?"

"내일. '풋살을 좋아하는 사람이면 누구나 환영'이라고 모집 공고 붙이고, 어느 정도 인원이 차면 지도 선생님 찾을 거야. 방금 생각난 건데 일단 동아리 이름은 펭귄. 펭귄 풋살반."

"펭귄? 작고 통통하고, 다리 짧은 애?"

뒤뚱거리는 펭귄? 펭귄이 짧은 다리로 공을 찬다 생각하니 웃음이 났습니다.

"아니, 언제 어디서든 열심히 하는 애. 핑계대지 않고 매너 있게 시합하는 애."

혜진이 말을 받았습니다.

"그렇지. 공 차려면 발만 있으면 되지, 뭐가 더 필요하냐. 그리고 꼭 벤치남, 벤치녀는 없게 하자."

나는 다 마신 음료수 캔을 와그작 구겨 쥐었습니다.

"당연하지."

혜진이 벌떡 일어섰습니다.

"모두가 평등하게 즐거운 동아리! 꼭 같이 만드는 거다."

혜진이 내 앞으로 검게 탄 손을 힘 있게 내밀었습니다.

"그럼! 차별은 안 되지."

나도 따라 벌떡 일어섰습니다. 그리고 손을 맞잡다 피식 웃고 말았습니다. 내 손 역시 새까맣게 그을어 있었습니다. 항상 함께 마주 보고 서서 훈련했으니 당연했습니다.

┗ 도토리

키 작다고 차별받은 경험이 떠올라 쓴 이야기입니다.

그리고 공용 화장실에서도 차별 대우를 받은 적이 있어요. 공원에 남자 화장실 문이 열려 있어서(여자 화장실 문은 항상 닫혀있는데, 남자 화장실 문은 닫지 못하게 손잡이를 벽에다 끈으로 매어놓기까지 했더라고요) 청소하는 아저씨한테 문을 닫게 해달라고 항의했다가 사내자식이 뭐가 창피하냐고 혼난 적이 있습니다. 소변보는 모습을 다른 사람들한테(특히 여자들에게) 보이고 싶지 않은데, 남자는 괜찮다며 무시하더라고요. 남자니까 창피하지 않다는 주장, 성차별 아닌가요? 다른 사람들은 어떻게 생각하는지 궁금해서 묻습니다.

↳ 말랑 몬스터

다른 사람들은 어떤지 모르겠지만, 적어도 내 입장에서는 남성의 프라이버시를 존중하지 않는 성차별 행동입니다. 여자가 창피해하는 일은 남자라도 창피하니까요.

초등학교 1학년 때 겪었던 일이 새삼 떠오릅니다. 형한테 대들었다 발길질당하고 운 적이 있습니다. 그런데 문제는 사내자식이 운다고 지나가는 할아버지한테까지 정수리를 된통 쥐어박혔다는 겁니다. 형한테 맞아서 아프고 억울한 데다 모르는 할아버지까지 운다고 때리니 세상이 무섭더라고요. 나보다 나이 많은 사람들 모두가 경계 대상으로 느껴졌어요.

가끔 눈물이 울컥 솟구칠 때가 있는데, 그때마다 무서운 할아버지 얼굴이 떠올라 눈물이 쏙 들어갑니다.

∟, BOTONGE

울고 싶을 때 울지 못한다니…… 너무 안타깝습니다. 좀 지나치다
고 생각할 수도 있겠지만 사내자식이 운다고 맞았으니 그건 성폭
력이고요. 남자라는 이유로 울음을 참아야 한다면, 이게 바로 차
별이고 폭력 아닐까요? 사람에게는 자신의 감정과 취향을 표현하
면서 행복하게 살 권리가 있잖아요.

말랑 몬스터 님처럼 부당하게 폭력을 당한 사람들을 응원하기 위
해 핑크셔츠데이 행사를 한다는데 혹시 들어봤나요? 우리 지역에
도 핑크셔츠데이 행사에 참여하는 학교가 있지만, 내가 다니는 중
학교는 하지 않습니다. 아쉬워요.

핑크셔츠데이(Pink Shirt Day)
2007년 캐나다 노바스코샤에서 시작된 폭력 예방 캠페인이다. 핑
크색 옷을 입고 등교했다고 따돌림을 당한 두 명의 남학생을 지지
하기 위해 다른 학생들이 핑크 셔츠를 입은 행동이 계기가 되었다.
매년 2월의 마지막 수요일에 핑크 옷을 입고 등교한다.

∟, 책먹다뱉은여우

알게 모르게 퍼져있는 남성에 대한 차별을 인식하고 개선해야 합
니다. 특권과 배려, 기대라고 이름 붙여진 행동들도 거꾸로 뒤집어

보면 개인의 자유와 선택을 억압하는 수단으로 작동할 때가 많으니까요. 이와 더불어 여성에 대한 차별 역시 관심을 두어야 합니다. 개인적 편견 없이 공정하게 작동될 것 같은 인공지능(AI)조차 사람을 차별한다고 합니다. 신문 기사에서 읽었어요. 인터넷 상거래 업체인 아마존(Amazon)에서 AI 채용 시스템을 채택했는데, 확인해 보니 이력서에 여성이라는 낱말이 들어가면 경력 점수를 낮게 매기는 식으로 여성을 탈락시켰답니다. 그 원인을 분석했는데, 남성 중심 사회에서 남성 중심으로 만들어진 데이터를 AI가 학습했기 때문이라더군요. 이처럼 여성 차별은 구조화된 채로 여전히 진행 중입니다. 교육 수준이 높다는 우리나라에서도 성차별은 심각한 수준입니다.

ㄴ, 잡스

우리나라에서 성차별이 심하다고요? 우리나라의 성평등지수가 10위라고 하던데요. 10위면 평등한 편 아닌가요? 대학에 다니는 사촌 형을 얼마 전에 만났는데 여성의 권리가 높아지면서 상대적으로 남성이 역차별당한다고 이야기했어요.

ㄴ, 책먹다뱉은여우

평등한 편이라는 잡스 님의 주장과 나의 의견이 왜 다를까, 그 이유를 찾아보았습니다.

사춘기 교실에서
여학생과 남학생이 사는 법

2021년에 우리나라의 성평등지수는 15위이고, 성 격차지수는 102위입니다. 경제가 발달한 우리나라 상황에서는 성 격차지수가 중요한데, 성평등지수만 내세우다 보니 그런 오해가 있었습니다.
성 (불)평등지수와 성 격차지수의 산출 근거를 찾아 정리했습니다.

유엔개발계획의 성 (불)평등지수

생식 건강(모성 사망비, 청소년 출산율), 여성 권한(국회의원 비율, 중등 이상 교육받은 인구 비율), 노동 참여(경제활동 참가율) 부문을 기본으로 성 불평등 여부를 판단한다. 우리나라는 성별에 관계없이 의료 수준과 교육 수준이 높고, 10대 청소년의 성관계가 문화적으로 허용되지 않아 성평등지수 점수가 높다.

세계경제포럼의 성 격차지수

남성과 여성 간 격차, 한 나라 안에서 남성과 여성의 삶이 얼마나 다른가에 주목한다. 경제 참여 및 기회, 교육적 성취, 건강과 생존, 정치적 권한이라는 네 개의 영역에서 세분된 지표를 통해 평가한다. 구체적인 비교 중심으로 이루어져 우리나라의 점수는 낮다.

주목할 점은 성 격차지수 1, 2위 국가인 핀란드와 아이슬란드가 행복지수로도 1, 2위라는 사실입니다. 행복지수가 높으면 출산율과 기대수명도 높고요. 또한 성적으로 평등한 국가의 남성 행복도가 그렇지 않은 국가보다 훨씬 좋았습니다.

2021년 기준으로 한국은 경제력 10위, 부유함 20위, 행복지수 50위이고, 출산율은 0.81로 세계 최저입니다.

↳ a=b=c

책먹다뱉은여우 님 자료를 읽으면서 예전에 무심히 넘겼던 기사가 떠올라 다시 찾아보았습니다. 남녀 간의 임금격차에 대한 내용입니다.

> 2022년 경제협력개발기구(OECD)가 발표한 성별 임금격차에서도 한국은 31.1%로 OECD 가입국 38개국 중 성별 임금격차가 가장 큰 국가로 이름을 올렸다. 1996년 가입 이래 남녀 임금격차가 가장 큰 국가라는 타이틀을 26년째 유지하고 있는 것이다. 2022년 발표한 38개 OECD 가입국 평균 성별 임금격차는 12%로, 한국 다음으로 성별 임금격차가 큰 나라는 이스라엘(24.3%), 격차가 가장 적은 나라는 벨기에(3.8%)였다. 한국은 OECD 가입국 중 유일하게 성별 임금격차가 30%를 넘는 국가다.
>
> (김난주, "30대 워킹맘을 위한 나라는 없다 남녀 임금격차 26년째 1위 '굴욕'", 여성동아, 2023. 01. 29.)

여자애들이 일 등도 학생회장도 많이 해서 평등한 줄 알았는데,

그게 아니더라고요. 이슬람 국가 여성들만 차별받는다고 생각했는데 우리나라도 마찬가지라니 부끄럽습니다.

└, 학고

우리가 어른이 되었을 때는 좀더 공정한 사회, 좀더 평등한 사회가 되었으면 좋겠습니다. 그러려면 나부터 바른 태도를 지녀야겠지요.

학교에서 나누어준 성교육 자료로 내가 얼마나 평등한 태도를 지녔는지 점검해 봤습니다. 여러분도 확인해 보세요.

나의 양성평등 지수 체크 리스트
(그렇다=1, 아니다=0)

1. 부드러움과 상냥함은 여성의 타고난 미덕이다.
2. 파마, 화장, 액세서리 등 치장하는 남자는 부자연스럽다.
3. 남자는 되도록 다른 사람 앞에서 울지 말아야 한다.
4. 여자는 폭넓은 대인관계를 형성하는 능력이 남자보다 부족하다.
5. 남성은 육아휴직을 하지 않는 것이 좋다.
6. 가게 부양의 일차적 책임은 남성에게 있다.
7. 자녀가 잘못했을 경우, 부부 중 아내 쪽의 책임이 더 크다.
8. 딸은 여자답게, 아들은 남자답게 키우는 것이 좋다.
9. 집안일은 아들보다 딸에게 시키는 것이 더 자연스럽다.

10. 여성과 남성은 타고난 지적 능력에 차이가 있다.

11. 여자는 남자보다 선천적으로 수학, 과학에 소질이 없다.

12. 남녀의 신체적 차이 때문에 체육 수업과 스포츠 활동은 남학생 위주로 될 수밖에 없다.

8~12점: 성별 차이에 꽤 얽매이는 편. 한번 일상생활을 살펴보세요.

4~7점: 의외의 구석에서 차별 행동을 해요. 양성평등을 지향하세요.

0~3점: 성별에 구애받지 않는군요. 양성평등 사회를 위해 힘을 발휘해 보세요.

(교육부 양성평등 교육 학습 자료)

천원쌤 더하기

요즘 세상에도 차별이 있냐고요? 차별은 있습니다. 학교에서 공부하는 청소년들 역시 누군가를 차별하고 누군가로부터 차별 받습니다. 우리가 미처 모를 때에도, 알면서 모른척할 때도 차별은 일상에 퍼져 우리를 억압합니다. 아래 소개되는 내용은 한국청소년정책연구원이 2022년에 발표한 〈2022 한국 아동·청소년 인권실태—기초분석보고서〉 내용을 정리한 것입니다. 차별하거나 차별받은 경험에 대해 학생들이 대답한 내용입니다.

1. 차별을 당했다.
   · 남자 또는 여자라는 이유로: 21.4%(남학생 18.1%, 여학생 24.4%)

· 공부를 못한다는 이유로: 20.6%(남학생 18.0%, 여학생 23.0%)

· 나이가 어리다는 이유로: 21.7%(남학생 18.8%, 여학생 24.5%)

· 외모나 신체 조건(키, 몸무게 등) 때문에: 21.6%(남학생 20.3%, 여학생 22.8%)

2. 차별한 적이 있다.

· 남자 또는 여자라는 이유로: 7.7%(남학생 6.5%, 여학생 8.8%)

· 공부를 못한다는 이유로: 8.2%(남학생 8.6%, 여학생 7.8%)

· 나이가 어리다는 이유로: 8.1%(남학생 7%, 여학생 9.2%)

· 외모나 신체 조건(키, 몸무게 등) 때문에: 9.8%(남학생 11.6%, 여학생 8.2%)

보고서에 나온 수치를 전체적으로 살펴보면, 차별을 한 학생보다 차별당한 학생이 훨씬 많군요. 왜 그럴까요? 자신이 차별 행위를 하는 줄도 모르고 차별했기 때문이겠지요. 차별당했다고 느낄 때와 차별했다고 판단할 때의 기준이 달랐을 수도 있고요. 내가 차별당했다고 느끼는 일은 다른 사람 역시 똑같이 느낀다는 사실을 기억해야 합니다.

이탐반의 생각거리 ⚡✦

타인을 향한 차별로 나의 행복을 키울 수 있을까요?

여름방학

싸움은 껍데기, 진짜 문제를 찾아라!

유미샘

1. 망한 반 배정

올해 맡을 학생들은 어떤 아이들일까? 제발 착한 담임이 될 수 있도록 착한 아이들만 앉아있게 해주세요! 교실 문을 열고 쓱 둘러보는데 뒷문 쪽 자리에서 학생들의 아름답지 않은 말이 들려온다.

"무슨 여자애처럼 때리네."

여자애? 아니 대체 여자애는 어떤데?

"어휴, 너 게이냐?"

게이! 이젠 성소수자까지 건드리는 거야?!

"뒤질래?"

게이라는 말을 들은 학생이 거칠게 되받아친다. 게이라는 말을 욕으로 쓰다니. 성소수자 학생이 들으면 상처받을 말이다.

"똑바로 해. 장애년아."

장애를 뒤떨어지고 모자란 대상으로 낮추고 거기에 '년'까지 붙인다. 대개 '놈'보다 '년'을 더 강한 욕으로 생각하니까. 으, 이 아이들을 어떻게 가르친담?

2. 장난이니 문제없음?

나는 '장애년아'라는 욕설을 쓰고도 아무렇지 않은 얼굴로 웃고 있는 학생을 빤히 보며 말한다.

"너, 말이 매우 거칠구나!"

나의 지적에 곧바로 반감의 눈빛을 보낸다.

"왜 저한테만 그러세요?"

자신만 지적당한 게 꽤 억울한지 곧바로 항변한다. 하기는 한 명만 지적하면 불공정하지 싶어 나머지 학생들에게도 한 번씩 눈총을 준다.

"그래, 너희들 다."

"저요? 장난인데요?"

한 녀석이 못마땅하다는 표정으로 받아친다. 장난? 장난! 충격을 받은 나는 교복에 붙은 이름을 재빨리 확인한다.

3. 칭찬에도 차별을 담으면 안 돼

새 학년 첫날이라 담임으로서 인사를 하고 아이들에게 자기소개 시간을 준다.

"내 이름은 서연이고, 피시방(PC방) 가는 거 좋아해. 취미는 롤이야."

"와, 여자가 그 게임 하는 거 처음 본다. 너 대단하다!"

정우의 칭찬에 서연이가 빙긋 웃는다. '여자가' 그런 게임을 하는 게 대단하다는 말은 성차별이라고 일장 연설을 하고 싶지만, 서연이가 민망할까 봐 그만둔다.

4. 아이의 좋은 면을 믿어

점심시간에 한 아이를 찾으러 교실에 갔다가 반 아이들과 어울려 시간을 보낸다.

"아, 제발. 안 돼에에에에!"

드라마 요약 영상을 보면서 주인공이 잘되기를 간절히 바라는 귀엽고도 생생한 정우의 리액션에 그만 웃음이 나온다. 그때 의자에 앉아 앞뒤로 흔들흔들 장난을 치던 재현이가 뒤로 자빠진다. 우당탕! 재현이는 아프고 창피해 한껏 얼굴을 찡그렸다가 금세 실실 웃는다. 그 모습에 교실은 웃음바다가 된다.

"야! 너 괜찮아?"

재현을 걱정하는 정우의 모습에 선함이 흐른다. 세상에 나쁜 애는 없다! 나의 신념이 깨어난다. 혐오에 빠진 정우를 혐오에서 구해내야겠다!

5. 도망가지 않도록 조심스럽게

수업 시간 5분을 할애해 혐오가 무엇인지 가르친다. 습관적인 거부라는 장애물을 넘기 위해 쉬는 시간마다 친해지는 기회를 가진다. 핵심 목표는 정우다. 은근슬쩍 정우 옆자리에 앉는다.

"정우한테 무슨 일이 생기면 엄마, 아빠 둘 중 누구한테 연락하는 게 나을까?"

"엄마요."

"아빠랑 친하다며?"

"원래 그런 건 엄마들 일이잖아요."

"엄마 일? 그러면 아빠는 정우를 위해서 뭐 해?"

"아빠는 돈만 벌면 돼요. 우리 아빠가 그랬어요."

성역할 고정관념에 차별이 숨어 작동하고, 차별이 혐오로 바뀌기 쉽다는 사실을 이해하기 어렵겠지. 양육자와 주변 환경의 편견을 무려 열다섯 해 동안이나 빨아들였는데, 쉽지 않을 거야.

열 개 중에서 하나만 알아들어도 돼, 차분히 대화를 이어간다.

6. 담임에겐 아이들 성장이 보여

혐오 인식 수업을 하는 날이다.

"너희들이 쓰는 말 중에 편견이나 혐오가 담긴 말은 어떤 게 있을까?"

남자치고, 잼민이, 흙수저, 결정 장애, 분조장(분노조절장애), 느금마, 호모새끼 등의 용어가 애들 대답으로 나왔다. '학생들이 잘 찾아내는 걸 보니 차별 감수성이 높아졌군' 속으로 흐뭇해하는데 아이 두 명이 칠판에 붙은 말들을 읽으며 킥킥거린다. 그 순간 아이들 여럿이 그 둘을 매섭게 노려본다. 웃던 아이들은 눈치를 보며 머쓱해한다.

'하하, 교육 효과가 나타나는군! 개학 날에 비해 많이 성숙해졌어.'

7. 똘똘 뭉친 정의와 일탈자

혐오 인식 수업 이후, 아이들은 혐오 표현을 자제하고 있다. 재현이는 느금마라고 말하다가 흠칫 놀라 손으로 자기 입을 틀어막고, 현우는 친구들이 규칙에 어긋난다고 짚어주면 빠르게 사과한다. 그런데 정우는 변하지 않는다.

"듣기 싫다고, 작작 하라고!"

원형이가 소리친다. 청소 시간에 대여섯 명이 우르르 모여 혐오 표현을 쓰는 정우를 몰아붙인다. 정우는 눈에 불을 켜고 아득바득 맞받아친다.

"뭣 같은 것들이! 진짜 뭣 같이 구네."

종례 시간에 정우를 먼저 보내고 남은 아이들을 도닥인다.

"속상했지? 속상하더라도 혐오 표현을 쓴다고 단체로 윽박지르면 안 돼."

"아깐 너무 화가 났어요. 죄송해요."

원형이 기죽어 말한다.

"나한테 죄송할 건 없지만 정우한테는 미안해하면 좋겠다."

찬찬히 한명 한명 아이들에게 눈길을 준다.

"다들 애써줘서 고마워. 정우가 미울 수 있지만 그래도 조금만 기다려 주자."

8. 싸움은 껍데기, 진짜 문제를 찾아!

퇴근 후 정우에게 전화를 건다. 다행히 정우가 전화를 받는다.

"정우야, 애들이 규칙을 지키라고 할 때 마음이 어땠어?"

"짜증 났어요. 애들이 떼로 몰려와서 저한테만 자꾸 뭐라고 한다니까요."

상황이 더 나빠지면 정우를 따돌리는 분위기가 만들어질 거고, 따돌림은 순식간에 집단 괴롭힘으로 변한다. 이제 더욱 신경 써야 한다.

"그럼, 욕을 하고 난 다음에 네 마음은 어때?"

"좋진 않죠."

자기 행동이 옳지 않음을 알고 있다.

"너도 속상했구나. 그런데 정우야, 거친 말을 들으면 불편해하는 사람들이 많거든. 앞으로 어떻게 하면 좋을까?"

"제가 노력해야죠. 하지만 저도 참다 참다 기분이 나쁘니까 욕을 한 거예요."

이것이 정우가 혐오 표현을 계속 사용하는 이유다. 정우는 그저 화를 표출할 적절한 방법을 몰랐을 뿐이다. 감정을 드러내는 방법으로 혐오 표현을 선택했던 거다.

"화가 나거나 마음에 안 들더라도 욕 말고 다른 말로 네 감정을 설명해야 해."

"네. 한번 해볼게요."

9. 틈만 나면 찾아오는 좌절 속에서도

학급 회의 시간, 어제 일을 되짚어 본다.

"그동안 혐오 표현을 줄이는 활동을 했는데, 아쉬웠던 점을 짧게 말해보자."

아이들이 서로 눈치만 보며 입을 열지 않는다.

"이름은 언급하지 말고 선생님만 보면서 얘기해. 눈이 마주치면 오해할 수 있잖아."

아이들은 내 쪽에만 시선을 주면서 저마다 아쉽고 속상했던 순간들을 털어놓는다.

"규칙을 지키라는데 화내는 애들 너무 싫어요. 대체 왜 그러는 걸까요?"

원형이가 고개를 내젓는다.

"답답하지? 그래도 좋게 바뀔 거라 믿고 어떻게 도와줄지 고민해 보자."

"저번에 감정 조절 기술에 대해 수업했잖아요. 그거 연습 많이 하라고 해요."

역시 총명한 원형이다. 금방 대안을 내놓는다.

"좋네. 그럼, 존중 표현을 쓰자는 규칙을 어겼을 땐 어떻게 하는 게 좋을까?"

"글쎄요. 규칙 지킬 때까지 기다려 주기?"

이번엔 재현이가 대답한다.

"근데 무작정 기다릴 수는 없잖아. 최소한 말은 해줘야지."

서연이가 반박했다. 아이들 입에서 나오기를 기다리던 말이다. 슬그머니 웃음이 난다. 나는 서연이에게 묻는다.

"서연이는 규칙을 어긴 걸 보고도 화 안 내고 조곤조곤 짚어 주기만 하던데, 어떻게 그럴 수 있었어?"

"아무래도 친한 친구면 화나기보다는 알려주어야겠다는 생각을 먼저 하게 되잖아요. 그걸 다른 아이들한테도 적용하면 돼요."

10. 교실에 평화가 올까?

친한 친구면 가능하다는 서연이의 말이 머릿속에 맴돈다. 아이들과 정우가 친해지는 게 먼저다. 악순환의 고리를 끊어내야 한다.

나는 정우를 교무실로 불러 따로 이야기한다.

"정우야. 애들 앞에서 공개로 사과하자. 진지한 게 부담스러우면 웃기게 해도 상관없어."

정우가 잠깐 고민하더니 "네"라고 답한다. 나는 정우와 함께 교실로 향한다. 문을 열고 외친다.

"얘들아, 집중! 정우가 너네한테 할 말 있대!"

내 뒤를 따르던 정우가 창피한지 벽에 붙어 숨는다. 손을 잡고 교실 안으로 같이 들어간다. 아이들이 기대에 찬 표정으로 쳐다본다. 재현이가 먼저 한마디 툭 건넨다.

"김정우, 너 또 뭐 잘못했냐?"

이마를 긁어대던 정우가 왁자한 소란을 뚫고 교탁 앞으로 걸어간다. 반 아이들을 향해 머쓱하게 웃어 보이더니 큰 소리로 외친다.

"지금까지 너희가 말리는데도 자꾸 욕 써서 미안했다!"

아이들은 정우의 용기에 박수치며 환호한다.

"정우 네 사과 받아주마!"

원형이가 시원하게 사과를 받는다.

"자식, 엉아처럼만 해라!"

현우가 너스레를 떨자, 정우가 설핏 고개를 끄덕인다. 늘 앉던 자기 자리로 돌아가 아이들과 섞여 웃는다.

2학기
나다움은 어떻게 지켜야 할까?

성 중립과 젠더 뉴트럴 :
난생처음 분홍 바지 입던 날

책먹다뱉은여우

나는 파랑이다. 본래 이름은 승주지만 파랑이라는 별명에 더 익숙하다. 기억에 없는 오래전부터(배내옷을 벗고 아기 옷을 입기 시작한 때부터, 사진을 보면 배내옷은 그래도 흰색이었음) 파란 색깔 옷을 입었고, 늘 파랑 계열 옷만 입다 보니 파랑이라는 별명이 붙었고, 파랑이라 불리다 보니 이름이 파랑이인 줄 알았고, 유치원에 들어가 이름 쓰기를 배우고서야 내가 파랑이가 아닌 선우승주임을 깨달았다.

내가 왜 선우승주가 아닌 파랑이로 불리게 되었을까? 그 이유는 현재 나의 주 양육자인 할머니가 '남자아이 옷은 파란색이 제일 좋다'라는 고정관념을 가졌기 때문이다. 그리고 나를 우리 장손이라고 부르면서 다른 사람들이 파랑이라고 부르는 상황에 대해서는 신경을 쓰지 않았기 때문이다.

태어난 이후로 지금까지 나는 할머니와 단둘이 살고 있다. 나를 낳아준 엄마와 아빠는 인도네시아에서 사업체를 운영 중이고, 사업을 해서 버는 돈으로 한국에 사는 할머니와 나의 생활비를 댄다. 그리고 일 년에 한두 차례 귀국해 일주일 정도 머물다 간다. 집에 올 때면 선물을 사 들고 오는데 간식과 학용품 위주다. 내가 바라는 옷(공항 면세점에서는 옷도 판다)은 사 오지 않는다. 그 이유는 아마도 할머니 취향을 맞추기 어려워서일 듯싶다. 할머니는 자기 마음에 들지 않으면 물건을 사 온 당사자 앞에서 역정을 내버린다.

내가 입는 옷은 원래 파래야 하는 줄 알았다. 나는 남자이고 남자 색은 파랑이니까. 나만큼은 아니지만 다른 남자아이들도 파란색 옷을 자주 입었기 때문에 파랑을 의심해 본 적이 없다. 화장실 표지도 남자는 파랑, 여자는 빨강이니까! 그래서 분홍은 당연히 여자 색이라고 믿었다.

이런 내가, 분홍에 꽂혔다!

친구 영준의 소개로 청소년문화센터를 알게 되고, 독서토론 동아리에 들어가고, 분홍색 셔츠를 멋들어지게 입고 다니는 삼학년 선배를 만난 순간부터 분홍은 나에게 특별한 색이 되었다. '남자가 분홍을?', '남자도 분홍을 입는다!' 이런 깨달음과 함께 '왜 지금까지 이걸 몰랐지?' 하는 허탈감으로 머리가 혼란스러웠다.

그동안 내가 속은 건가? 그랬다. 배신감! 믿었던 누군가에게 배신당한 기분이었다. 그 누구를 지목하는 데에는 채 십 분도 걸리지 않았다. 나를 키워준 할머니와 할머니의 양육 방식을 방관한 엄마 아빠, 선생님들까지 원망스러웠다. 남자에게도 다양한 색깔의 옷이 어울린다는 사실을 왜 안 가르쳐준 거지?

나는 입고 있는 청바지와 진한 파란색 티셔츠를 노려보았다. 어느 것 하나 나의 의지가 깃들지 않은 옷이었다.

한번도 파랑을 선택하지 않았지만, 파랑이로 불리는 현실. 나 역시 파랑을 당연하게 받아들였다는 자각에 이른 순간, 억울함으로 가슴이 터질 것 같았다. 눈을 감고 가슴에 손을 얹었다. 호흡을 고르다 힘없이 눈을 떠 분홍 셔츠를 찾았다. 삼 학년 선배의 분홍색 셔츠는 단연 돋보였다. 아이언맨의 보디슈트? 아니! 나에게는 최첨단 보디슈트보다 분홍 셔츠가 더 멋지고 아름다웠다.

분홍 셔츠가 입고 싶었다. 아니 당연히 입어야 했다. 나를 가두는 파랑이라는 감옥에서 벗어나기 위해서는, 감옥 밖 아름다운 색깔들을 만나고 그 색들을 자유로이 누리기 위해서는 제일 먼저 분홍과 친해져야 했다.

동아리 활동이 끝난 뒤 책상을 서둘러 정리하고 문 앞에 서서 선배를 기다렸다.

"형, 그 옷 끝내줘요. 어디서 샀어요?"

단도직입적으로 물었다.

"뭐? 이거?"

선배가 셔츠를 내려다보며 말했다.

"네. 색깔이 세련됐어요."

"몰라, 엄마가 사 온 옷이라. 난 그냥 엄마가 사주면 입어."

"아…… 좋겠다."

지금껏 내 손으로 옷을 사본 적이 없는데 그건 선배도 마찬가지였다. 차이라면 선배에게는 분홍 셔츠를 선택하는 엄마가 존재한다는 사실뿐.

집으로 돌아가는 내내 고민하고, 또 고민했다. 어떻게 하면 분홍 셔츠를 살 수 있을까? 다음 주 동아리 모임에는, 적어도 봄이 가기 전에는 꼭 입고 싶은데. 어디 가서 사야 하지? 항상 할머니가 사 와서 잘 모르는데. 아이들한테 물어볼까?

"너는 어디 가서 옷 사냐?"

친구 세 명에게 이렇게 문자를 보낸 다음 집 현관문을 열었다. 소파에 누워 텔레비전을 보시는 할머니에게 다녀왔습니다, 보고하고 곧바로 내 방에 들어갔다. 옷장을 열어보았다. 역시나

초록색 교복을 빼면 파란색 옷뿐이다. 서랍을 열었더니 속옷조차 파란색 계열이다. 내 인생처럼 무미건조한 옷들이다.

안방으로 들어가 할머니의 옷장을 열었다. 빨주노초파남보, 할머니 옷은 총천연색으로 화려하고 밝았다. 이미 아는 사실을 눈으로 확인했을 뿐인데 새삼 화가 났다. 치! 나만 재미없게! 자기는 예쁜 옷 입고…….

물 한 잔을 따라 쥐고 거실 한가운데에 엉거주춤 멈춰 섰다.

"할머니, 옷 사게 돈 주세요."

조심스럽게 말을 건넸다.

"옷? 옷은 왜? 바지하고 윗도리 바꿔준 지가 얼마나 됐다고."

할머니가 텔레비전에 시선을 둔 채로 대답했다.

"다 똑같은 색이잖아요. 몽땅 파란색……."

"파란색이 어때서? 사내아이는 파란색을 입어야 하는 거야."

"이제 파란색 싫어요! 나도 내가 입고 싶은 색 입을래요."

나도 모르게 짜증을 내고 말았다.

"계집애같이 옷 타령은! 사내자식은 사내답게 굴어야지!"

할머니가 벌떡 일어나 앉으며 호통을 쳤다.

"요즘은 사내도 분홍색 옷 입는단 말이에요."

"어디서 요상한 걸 보고 와가지고. 어여 들어가 공부나 해!"

할머니가 눈을 부라렸다. 어쩔 수 없이 방으로 들어가 책상 앞에 앉았다. 핸드폰을 들어 문자를 확인했다. 그사이 친구들 답장이 도착해 있었다. 대형마트와 아울렛에서 산다고 했다.

구체적인 장소와 함께 금액을 물어보았는데 지금 내가 가진 돈으로는 티셔츠 하나도 살 수 없었다. 돈이 없다는 나의 하소연에 영준이 '아름다운 가게'를 알려주었다. 일 년에 한두 번 엄마와 함께 가서 안 입는 옷을 기증하고 마음에 드는 옷을 몇 가지 사 오는데 옷값이 몇천 원밖에 안 한다고 했다.

어렵사리 모아놓은 용돈을 챙겨 아름다운 가게에 갔다. 어둡고 칙칙한 남자 옷들은 눈으로만 쓱 훑고 색깔별로 진열해 놓은 여자 옷을 향해 몸을 돌렸다. 다른 사람들 눈치가 보여 가까이 가지 못하고 멀리서 넘겨다보았다.

그렇지! 내가 찾는 분홍 색깔 옷이 눈에 들어왔다. 잡화 코너를 구경하는 척하다가 후다닥 다가가 자세히 살폈다. 무늬가 들어간 아줌마 취향의 옷이었다.

크게 실망했지만 아무렇지 않은 척 표정 관리를 하며 잡화 코너로 돌아왔다. 뭐라도 하나 사서 나가야 서운하지 않을 것 같았다. 그때 분홍색 필통이 눈에 들어왔다. 작고 단순한 주머니 필통이라 가격도 천 원밖에 안 했다. 계산한 뒤 필통을 가방에 챙겨 넣었다.

일주일 후에 안 입는 파란색 점퍼와 두꺼운 티를 챙겨 다시 그 가게에 갔다. 옷을 기증한 다음 매장을 한 바퀴 둘러보고 학교에서 쓸 분홍색 물통을 사 왔다. 그다음 번에는 파란색 티셔츠 두 장을 기증하고 분홍색 핸드폰 커버를 구매했다. 할머니가 "사내자식이 쯧쯧" 하며 못마땅한 얼굴로 분홍이가 된 핸드폰을 흘겨보았지만, 나는 먹던 밥을 마저 다 먹었다.

네 번째 방문했을 때 내가 원하던 옷을 발견했다. 분홍색 후드티였다. 벌써 초여름이 되어 두껍다 여겨졌지만, 게다가 셔츠도 아니었지만 그래도 화사한 분홍이라 마음에 들었다.

아파트 놀이터에서 윗도리를 바꾸어 입었다. 집에 들어가면서 할머니에게 보여주고 싶었다. 당장 보여주지 않으면 옷장에 숨겨놓고 영영 못 입을 것만 같았다.

"에구머니! 얘가 정신이 나갔나, 사내자식이……."

할머니가 쫓아와 내 등짝을 후려쳤다. 하지만 다음 날 나는 생일에 받은 용돈을 챙겨 마트에 갔다. 망설임 없이 분홍색 바지를 골라 들었다. 탈의실에서 갈아입고 나와 커다란 거울에 비추어 보았다. 꽤 멋졌다.

나는 이제 파랑이가 아니다.

남자는 파랑, 여자는 분홍이라는 고정관념에 대해 조사했습니다. 그런데 그 역사가 예상보다 짧더라고요.

1920년대까지만 해도 남자아이들에게는 단호하고 강력한 빨강이 어울리고, 여자아이들에게는 섬세하고 앙증맞은 파랑이 어울린다는 게 통념이었습니다. 하지만 무기가 발달하면서 전쟁터에서 위장(僞裝)의 필요성이 등장했고, 그 때문에 빨강 계열이던 군복 색깔이 주변 환경에 쉽게 묻히는 파랑 계열로 변화했습니다. 파랑이 남자를 대표하는 색이 되자, 여성의 색깔은 반대색인 빨강 계열로 덩달아 바뀌었고요.

1950년대에 와서는 이런 도식이 더욱 확고해졌는데 그 이유는 생필품의 대량생산이 일반화되고, 이에 따른 대량 소비가 시작되면서 산업체들의 영향력이 커졌기 때문입니다. 산업체들은 남자는 파랑, 여자는 분홍이라는 구도를 지지했고, 광고라는 방식으로 널리 퍼트렸습니다.

색깔에 대한 선호는 시대에 따라 달라졌습니다. 성별에 따라 일정한 색깔을 부여하고 강요하는 것은 개인의 취향을 무시하는 억압적 행동입니다.

└→ **책먹다뱉은여우**

군복 색깔이 바뀌면서 사람들의 색 취향까지 바뀌었다니 기분이 쌉쌀합니다. 요즘 길을 걷다 보면 군복과 비슷한 옷을 입은 사람들이 눈에 많이 들어옵니다. 군복과 구분하기 어려운 디자인의 옷이 일반인의 평상복으로 유행 중입니다. 개인의 취향이라 뭐라 할 수는 없지만, 때론 뉴스에서 본 전쟁 장면이 떠올라 기분이 안 좋기도 해요.

군대와 전쟁, 전쟁과 살생은 서로 연결된다는 사실을 한 번쯤 고민해야 하지 않을까요?

└→ **도토리**

책먹다뱉은여우 님의 글에 동감합니다. 앞으로 옷을 선택할 때 참고해야겠습니다.

성 고정관념을 벗어나 적극적으로 자기만의 멋을 찾는 파랑이(참, 이제는 파랑이가 아니죠!)를 보면서 나를 돌아보았습니다. 나에게는 취향이랄 것이 없더라고요. 그래서 도서관에 들러 옷 입는 법을 가르쳐주는 책 한 권을 빌렸습니다. 책에서 내가 가야 할 방향인 메트로섹슈얼을 발견했습니다.

메트로섹슈얼(Metrosexual)

패션이나 헤어스타일을 가꾸는 것에 관심을 두며, 내면의 여성성을 긍정적으로 즐기는 현대 남성. 패션, 뷰티, 성형 등 외모에 대한 관심도가 높아 이 분야에 지출이 많다. 여성들과 공감대를 형성하면서 과거의 권위적이면서 가부장적인 사고를 버리고 현대 여성들의 변화에 발맞춰 함께한다.

인터넷으로도 알아보았는데 최근에는 위버섹슈얼이 대세라고 합니다.

위버섹슈얼(Ubersexual)

메트로섹슈얼을 뛰어넘는 최고의 남성이라는 뜻이다. 강인하고 자신감이 넘치며 스타일리시한, 긍정적인 남성성과 신사적인 매너를 갖춘 사람으로 돌봄 활동에도 잘 참여한다.

트렌드 연구가 마리안 살즈만은 "메트로섹슈얼은 자기 자신에 대해 열정적이고, 위버섹슈얼은 대의와 원칙에 대해 열정적이다" 혹은 "위버섹슈얼은 자기 헤어스타일을 가꾸는 것보다는 내면을 가꾸는 데 시간을 보낸다"라는 식으로 둘의 차이를 설명합니다.

새들은 암컷보다 수컷이 치장을 많이 합니다. 천적의 공격에 무방비로 노출될 만큼 과하게 꾸미는 새도 여럿 존재합니다. 새들과 더불어 다른 수컷 동물들도 이런 경향을 보이는데 인간만 예외적이라고 합니다.

'공작새 혁명'이라는 말을 들어본 적이 있나요? 조류 중에서도 가장 화려한 모습을 한 새가 공작입니다. 수컷 공작은 암컷에게는 없는 크고 화려한 깃털을 지녔어요. 이러한 공작의 특징을 따서 만들어진 말이 '공작새 혁명'입니다. 1960년대 들어 남자들의 옷이 수컷 공작새처럼 화려해졌거든요.

프랑스혁명과 산업혁명 이후 남성복은 칙칙한 색깔로 만들어졌습니다. 이러한 경향은 1900년대 중반까지 이어졌고요. 그런데 1960년대에 사회가 급변하면서 남성들의 옷차림이 다채로워지기 시작했습니다. 남성들이 머리를 기르고 화려하게 프린트된 셔츠를 많이 입었습니다. 이러한 멋 내기 유행을 칼럼니스트 조지 프레지어가 '공작새 혁명'이라고 불렀습니다.

⌐, 칸

저도 남자들의 멋 내기에 대해 조사하다 몇 가지 흥미로운 사실을 발견했습니다. 하이힐은 여성들만 신는다고 생각했는데, 아니었습니다. 키가 작았던 프랑스의 루이 14세는 작은 키를 감추려고 '초핀'이라는 빨간색 하이힐을 즐겨 신었습니다. 그 뒤로 키가 작은 남성들이 루이 14세를 따라 하이힐을 신었고요. 그리고 가발도 썼어요. 당시에는 귀족들이 모임에 갈 때 가발을 쓰는 것이 예의였다고 합니다.

유럽 귀족들이 화장하느라 수명까지 짧아졌다는 기록도 있어요. 여자분만 아니라 남자들도 화장을 진하게 했는데, 얼굴을 하얗게 만드는 화장품인 분 속에는 납 성분이 들어있었기 때문입니다. 입술과 볼을 빨갛게 칠하는 연지에는 수은 성분이 다량 함유되었고요. 그래서 남녀를 막론하고 기절하는 일이 잦았고, 끝내는 수명까지 짧아졌대요.

$a=b=c$

이제 남성다운 옷, 여성다운 옷의 구분은 없어져야 합니다. 젠더리스 룩(Genderless Look)이라는 말까지 생겼잖아요.

최근에는 젠더리스 교복을 입는 학교도 등장했습니다. 젠더리스 교복을 가장 적극적으로 권장하는 나라는 영국입니다. 영국국교회 교육국에서는 학교에 배포한 지도안에 남자아이에게 치마 입을 자유를 허용하라는 내용을 넣었다고 합니다. 그리고 일본의 가시와노하 중학교에서는 학생 스스로 남녀 구분 없이 바지와 치마 교복을 골라 입는 게 가능합니다. 상의 역시 남녀 똑같은 디자인이고요.

우리나라에도 젠더리스 교복이 나왔으면 좋겠습니다. 치마 교복을 입고 등교하면 어떤 기분일까 상상했는데 나쁘지 않을 것 같습니다. 반바지 교복도 나오지만, 여름에는 치마가 더 시원하지 않을까요?

└→ 말랑 몬스터

젠더리스에서 한 걸음 더 나아간 단계는 젠더 뉴트럴입니다.

젠더 뉴트럴(Gender Neutral)
젠더 중립. 남녀에 대한 고정관념이 흐릿해지고 그 구분이 없어진다는 의미이다. 유니섹스와는 달리 남녀 구분 자체를 없애고 중립성을 지향해 성별이 아닌 사람 자체로만 보려는 움직임이다.

젠더 뉴트럴의 예로는 '더 플루이드 프로젝트(The Phluid Project)'가 있습니다. 세계 최초의 젠더 프리 편집숍인데, 이곳에서 판매하는 모든 제품은 성별과 관계없이(성소수자 포함) 입게끔 만들어집니다. 더 나아가 성 구분이 없는 마네킹을 사용하고 매장 안에 성 중립 화장실을 갖추었다고 합니다.

└→ 잡스

젠더 뉴트럴 정책은 젠더를 구분하는 행동이 개인을 억압하고 소수자를 배제한다는 문제의식에서 나왔습니다.

캐나다에서는 여권의 성별란에 'X'라는 제3의 성을 추가해서 성중립성을 보장합니다. 그리고 독일 연방헌법재판소는 출생신고 시 남자, 여자가 아닌 제3의 성도 선택할 수 있게 성별란을 구성하거나 아예 성별 정보를 삭제하라고 판결했습니다. 이외에도 미국의 몇 개 주와 호주, 뉴질랜드, 인도, 파키스탄, 몰타, 네팔에서는 공문서 작성 시에 제3의 성을 적을 수 있는 칸을 둡니다.

젠더 뉴트럴은 사회 진화의 결과물입니다. 이제는 성차별이 없는 양성평등을 넘어 구별 자체를 없애는 시대로 변하고 있습니다. 차별은 누군가를 구별해 따로 세워놓는 것에서 시작되니까요.

천원쌤 더하기

‘옷은 자아의 연장’이라는 말을 종종 사용합니다. 자신을 표현하는 가장 대표적인 방식이 바로 옷이기 때문이지요. 이런 측면에서 최근에 유행하는 밀리터리 룩과 카모플라쥬 패턴은 우리가 관심을 가져야 할 대상입니다.

밀리터리룩(Military Look)
군대와 군인이 가지는 이미지 중에서 남자다움, 터프함, 절도 있는 모습, 제복에 대한 로망을 이용한 패션.

카모플라쥬(Camouflage)
눈에 띄지 않게 주변 환경과 비슷하게 위장하는 것, 군복에서 주로 사용하는 무늬.

사춘기 교실에서
여학생과 남학생이 사는 법

이 둘의 공통점은 군대에서 유래했다는 것입니다. 군대문화에 내재해 있는 군사주의가 민간인에게도 일반화될 수 있어 비판적으로 고민해야 할 부분입니다.

> **군사주의**
> 다른 어떤 사회적 가치보다 군사적 가치를 우선하여 정치, 경제, 사회, 문화, 교육 등 모든 분야에서 군사적 목적을 따르게 하려는 주의나 정책.

파랑이와 같은 남자 청소년에게 도움이 될만한 정보가 있길 기대하며 주로 남성 독자가 읽는 패션잡지를 구매해 읽었습니다. 배우 인터뷰 기사가 많았는데 배우들이 입고 걸친 옷과 장신구가 모두 광고 상품이었습니다. 옷은 개성의 표현이면서 동시에 상업 활동의 결과물이라는 사실을 금세 알겠더군요.

오래전부터 옷은 신분과 계급을 구분하는 표식이었습니다. 나아가 권위와 복종, 의식과 역할을 상징하기도 했고요. 이런 측면에서 흥미로운 사례가 바로 교복입니다.

서구식 학교가 세워지면서 우리나라에서도 교복을 입게 되었습니다. 최초의 교복은 치마저고리와 두루마기였지요. 그 뒤로 일제 치하에서는 서구식 양복을 입었는데, 1940년대에는 전시복(戰時服)을 입기도 했습니다. 일제의 영향을 받은 교복이 계속 이어지다 1983년에 교복 자율화 조치가 시행되었습니다. 하지만 1985년부터 교복을 입는 학교가 점차 늘어나기 시작했습니다. 학교별로 디자인을 자유롭게 선택하면서 예전처럼 흑백의 단순한 형태가 아니라, 다채로운 디자인의 교복이 등장했습니다. 최근에는 편안한 활동형 교복을 채택하는 학교도 늘고 있고요. 사회 분위기와 정책에 따라 변하는 교복, 젠더 뉴트럴 교복의 등장은 매우 반가운 소식입니다.

이탐반의 생각거리

어떤 옷을 입었을 때 제일 멋져 보이나요?
나에게 어울리는 색은 뭘까요?

> 외모지상주의와 탈코르셋 :
> ## 니들이 뭔데 나한테 점수를 매겨!

잡스

교실 뒤쪽 게시판 앞에 남자아이들이 모여 야단법석이다. 뭐 재미있는 게 붙었나? 후다닥 일어나 달려간다. 아이들 사이로 고개를 드민다. 이 학년 삼 반 남자 얼평. 사인펜으로 굵게 적힌 제목이 눈에 들어온다. 얼평? 뭐야? 얼굴 평가! 우리 반 남자아이들 이름이 죽 내려 적혔고 그 옆에 십 점부터 오 점까지 점수가 매겨져 있다. 얼굴, 키, 몸매, 총점. 말만 얼평이지 몸평까지 들어간 성적표 아니 점수표다.

내 이름을 찾는다. 위에서 아래로 훑어 읽는다. 제일 마지막 끝줄에 내 이름 김승주가 보인다. 점수는? 그때 연습장을 오려 만든 얼평표가 게시판에서 뜯겨 나간다.

"조금이라도 지들 얼굴 얘기하면 생난리를 치면서 이런 걸 붙여 놓는다고!"

상민이 두 손으로 얼평표를 사정없이 구긴다. 상민의 이름은 내 바로 위에 있었다.

"찢지 마! 찢지 마."

성수가 다급하게 상민의 팔을 잡는다.

"담임한테 보여줘야 해. 증거잖아."

"그래, 담임한테 가자. 교무실 갈 사람?"

로운이 둥글게 모여 선 아이들을 둘러본다. 이로운, 얼평표 제일 위에 적힌 이름.

"그거 줘 봐."

성수가 상민에게 손을 내민다. 상민한테서 구겨진 종이를 받아 펼친다. 아이들의 이름이 다시 보인다. 내 점수는? 다급하게 내 이름을 찾는다. 이름 옆에 숫자 오, 첫 번째 점수다. 그다음은? 성수가 종이를 반으로 접는다. 미처 읽지 못한 점수가 그대로 사라진다.

로운이 출입문을 열고 밖으로 나간다. 성수가 한 번 더 종이를 접어 손에 꼭 쥐고 그 뒤를 따른다. 상민이 따라나서려다 멈칫 선다. 나는 교실 밖까지 몸을 내밀어 눈으로 성수를 쫓는다. 성수 이름이 몇 번째에 놓여있었는지는 기억나지 않는다. 중간보다 위 겠지. 로운보다는 못하지만, 키가 크고 피부도 하얗고 여드름도 없으니까.

종례 시간이다. 담임이 들어오기 전부터 여자아이들 사이에 긴장이 감돈다. 예상대로 여자아이들이 얼평표를 만들어 붙인 것이 확실하다. 나쁜 계집애들! 나는 육 교시 국어 시간 내내 얼평표가 떠올라 수업에 집중할 수 없었다. 그 바람에 국어 선생님께 한차례 호되게 혼났다. 도대체 내가 왜 꼴찌인지 납득이 되지 않는다. 내가 왜? 내가 왜!

담임이 들어온다. 교무수첩에 얼평표가 끼워져 있다.

"이게 뭔지 알지?"

담임이 얼평표를 꺼내 여자아이들 보란 듯이 흔든다. 나는 눈에 힘을 모으고 얼평표를 읽는다. 이름은 보이는데 첫 번째 쓰인 오 옆의 다른 점수가 정확하게 읽히지 않는다. 팔? 오?

"이건 범죄 행위다."

사악, 사아악. 얼평표가 죽죽 찢겨나간다. 담임이 길게 잘린 얼평표를 겹쳐 쥐고 세 번 더 자른다. 이젠 읽을 수 없게 되었다.

"갖다 버려."

교탁 앞에 앉은 반장에게 내민다. 풀이 죽은 반장이 얼평표 조각을 공손하게 받아 손안에 그러쥔다. 쓰레기통으로 가져가 흩

트러 버린다. 반장은 여자다.

"범죄자들 다 일어나."

담임 말에 여자아이들이 하나둘 일어선다. 자리로 돌아오던 반장이 앉지 못하고 그대로 선다. 여자아이들 열네 명 중에서 둘을 뺀 열두 명이 얼평표를 만들었다. 여자아이들 열두 명이 열여섯 명의 남자아이를 두고 외모를 평가했다. 함부로 남을 평가하고 그것을 기록으로 남긴 여자아이들을 향해 욕이라도 한바탕 해주고 싶다. 그런데 자꾸 고개가 수그러진다. 쟤들은 대체 왜 나를 꼴찌로 만든 거지? 내가 그렇게 별로인가?

두 주 동안 청소를 도맡고 반성문을 써서 제출하는 것으로 담임이 사건을 종결한다. 그다음 순서로 여자아이들을 한명 한명 교탁 앞으로 불러내 사과하게 한다.

장난으로 한 건데 불쾌했다면 미안해, 그냥 심심해서 한 거고 관심의 표현이야, 일단 미안하고 별거 아니니까 신경 쓰지 마. 여자아이들이 우물우물 어물쩍 넘어가려 하자 담임이 버럭 화를 낸다.

"장난? 관심? 제대로 마음을 담아서 사죄할 때까지 다시!"

그제야 여자아이들은 상황이 심상치 않음을 깨닫고 기가 죽는다. 한명 한명 진지하게 사과의 말을 이어간다. 하지만 내 귀에는 들어오지 않는다. 미안하다 머리를 조아리는 저 아이들이 나를 어떻게 평가했는지가 너무 궁금하다. 제일 끝줄에 놓여있던 승주라는 두 글자가 자꾸 눈앞에 어릿거린다.

　집으로 걸어가는 내내 나의 어디가 얼마나 부족한 건지 하나하나 따져본다. 얼굴이 오 점이라고? 내 눈이 못생긴 편인가? 아닌데, 쌍꺼풀은 없어도 작지는 않은데. 엄마가 남자애답다고 했는데. 코! 아빠 닮아서 뭉툭하기는 하지. 그렇게 보기 싫은가? 집에 가자마자 확인해 봐야겠어. 그래도 키가 중간은 되니까. 살이야 조금 쪘지만 그렇다고 뚱보 소리를 들을 정도는 아니고. 대체 뭐가 애들 마음에 안 든 거지? 내가 뭘 어쨌다고!
　못돼먹은 것들! 계속 고민하고 신경 쓰면 그 애들한테 지는 거야. 모른척하자. 무시하는 거야! 숨을 한껏 길게 들이켠다. 짝짝짝, 손바닥으로 얼굴을 두드린다. 내 얼굴이 뭐 어때서! 아, 안 돼! 잊어야 해!

　현관문을 닫자마자 곧장 화장실로 들어간다. 거울 앞에 서서 이쪽저쪽 얼굴을 돌려 살핀다. 머리를 쓸어 올리고 이마부터 턱까지 하나하나 세심히 들여다본다. 잘생긴 듯도 못생긴 듯도

하다. 아, 내가 꼴찌라고? 이게 꼴찌 얼굴이라고? 그래서 내가 몇 점이냐고! 바로 위에 있던 상민이랑 몇 점 차이냐고! 설마 점수가 엄청 차이 나는 건 아니겠지?

저녁밥이 입에 들어가지 않는다. 반찬도 국도 밍밍해 맛이 없다.

"엄마, 내 얼굴 어때?"

갈비찜을 식탁에 내려놓고 자리에 앉는 엄마에게 묻는다.

"잘생겼지. 갈비 먹어."

엄마가 갈비찜 접시를 내 앞으로 밀며 건성건성 답한다.

"좀 성의 있게 대답해."

"성의 있게? 우리 아들 지-인-짜 잘생겼지."

엄마는 나를 빤히 건너보다가 엄지를 세우며 팔을 뻗는다.

"됐어!"

나는 수저를 던지듯 내려놓고 벌떡 일어선다.

등굣길 내내 머리가 몽롱하다. 밤새 공격당하고 쫓기는 꿈에 시달리느라 제대로 잠을 자지 못했다. 교실에 들어가 반 아이들을 만나는 게 꺼림칙하다. 마음도 걸음도 무겁다. 아니 내가 왜 이렇게 소심해졌지? 바람직하지 않아. 잘못한 게 없는데 내가 왜?

감히 나 김승주한테 점수를 매겨! 네깟 것들이 뭔데!

교실 문을 연다. 여자아이들을 매섭게 쏘아보며 나를 얕보지 마라 경고하려 했는데, 문을 닫는 순간 시선을 어디에 두어야 할지 몰라 허둥댄다. 여자아이들이 나를 심사하는 것만 같아 주눅이 든다. 짐짓 아무렇지 않은 척 가방끈을 그러쥔다. 끝에서 두 번째 내 자리만 보며 걷는다. 책상에 가방을 내려놓는다.

"너 오늘 이상하다? 뭔 일 있어?"

뒷자리 정석이 묻는다. 아니, 나는 고개를 저으며 억지로 웃는다. 곧이어 철퍼덕 책상에 엎드린다.

'내가 왜 이러지? 고작 얼평 하나에 이렇게 무너진다고? 과감하게 털어버려야 해!'

점심시간이다. 벌떡 일어나 반장에게 간다. 나하고 얘기 좀 해, 교실을 나서던 반장을 불러 세운다. 아이들이 없는 창가로 걸어가 선다. 반장이 의아한 얼굴로 따라온다.

"내가 왜 꼴찌야?"

숨을 고르고 작게 묻는다.

"응? 뭐?"

반장이 눈을 크게 뜨고 되묻는다.

"어제 얼평표 말이야. 내가 왜 꼴찌냐고?"

나는 높아지려는 목소리를 다잡아 내린다.

"아, 얼평표? 미안해. 정말 미안해. 하도 남자애들이 여자애들 얼굴이 어쩌니저쩌니 뒷담화를 해대서 그냥……."

"그런 변명 말고, 내가 왜 꼴찌냐고!"

"꼴찌? 너 꼴찌 아냐."

반장이 머리를 빠르게 내두른다.

"내 이름이 제일 밑에 있던데?"

"아 그건…… 떠오르는 대로 적어서 그래. 등수 매긴 건 아냐."

"그럼 내 점수는?"

"점수? 정말 미안해. 이유야 어쨌든 얼평하면 안 되는 거였는데, 다시는 안 그럴게."

반장이 울상을 지으며 내 팔을 붙잡는다.

"다 필요 없고! 내가 몇 점이냐고!"

반장의 팔을 거칠게 떨쳐낸다.

└→ 말랑 몬스터

승주가 꼭 내 모습 같습니다. 나도 비슷한 경험(사촌 누나한테 눈, 코,

입 하나하나 점수 매김을 당했음)을 한 적이 있거든요. 남자가 뭘 그런 걸 가지고 그러냐고 비난을 들을까 봐 티는 내지 못했지만, 아직까지 상처로 남아있습니다.

얼평이 성희롱인 거 혹시 알아요? 게다가 '예쁘다', '잘생겼다'라는 칭찬도 상황에 따라서는 상대를 성적 대상화하는 행동으로 여겨져 문제시될 수 있대요. 얼평은 외모지상주의와 SNS가 만들어낸 괴물이 아닐까 생각합니다.

> **외모지상주의**
>
> 외모에 최고의 가치를 두는 이념, 외모와 상관없는 영역에서까지 외모를 이유로 상대를 차별하거나 존중하지 않는 사회 정서.

⌐→ **도토리**

요즘 외모지상주의가 심각하다는 말을 자주 듣습니다. 그때마다 키가 작은 나로서는 의기소침해집니다. 남자는 키가 커야 한다는 말이 나를 힘들게 합니다. 키는 성형도 안 되잖아요! 외모가 전부는 아니라고, 내 안의 능력과 인성이 더 중요하다고 믿지만, 현실적으로 신경을 안 쓸 수 없습니다.

찾아보니 나만 그런 건 아니더라고요. 이 자료는 초중고생 8921명을 대상으로 한국여성정책연구원에서 조사한 내용을 일부 정리한 것입니다. 내용을 보면, 청소년 역시 외모지상주의에 빠져 있음을 알 수 있습니다.

1. 내 몸무게에 만족한다. 남자 55.8%, 여자 42.1%
2. 다이어트를 해본 적 있다. 남자 48.1%, 여자 66%
3. 성형수술을 한 적 있다. 남자 1.3%, 여자 5.1%
   (수술한 적은 없지만, 하고 싶다고 생각한 적 있다. 남자 11.3%,
   여자 41%)
4. 화장해 본 경험 있다. 남자 9.5%, 여자 76.9%
5. 광고, 모델 등을 보면 다이어트나 운동에 대한 욕구가 생긴다.
   남자 28.6%, 여자 48.5%
6. 지나친 다이어트는 외모를 중시하는 사회문화와 분위기 때문이
   다. 남자 46.1%, 여자 69.7%

(〈2020년도 또래문화를 통해 본
청소년의 성평등 의식과 태도 연구〉 중에서)

└→ 책먹다뱉은여우

여자 청소년의 76.9%가 화장한 경험이 있다는 통계를 보니 외모 집착과 '꾸밈 노동'이 생각납니다. 여성은 예뻐야 한다는 사회 통념이 개인적으로는 외모 집착을, 사회적으로는 꾸밈 노동을 만들어낸다고 해요. 아름다움이 여성을 억압하는 도구로 쓰인다니······.

꾸밈 노동

노동하는 여성들이 사회적 요구에 따라 화장하고 의상을 갖춰 입는 데 시간을 소비하는 것.

사춘기 교실에서
여학생과 남학생이 사는 법

잡스 님이 쓰신 이야기나 도토리 님이 알려주신 통계를 보면 친구들이 받는 외모 스트레스가 고스란히 느껴집니다. 꾸밈 노동까지 생각해 보면 여성들 사이에서 탈코르셋 운동이 시작된 이유를 알겠네요. 이제는 남성들도 탈코르셋 운동에 동참해야겠습니다. 남성들 역시 외모에 대해 압박받고 있으니까요. 내 얼굴과 몸을 긍정하는 자세는 이제 여성뿐만 아니라 남성에게도 필요한 부분입니다. 저는 탈코르셋 운동 자료를 올려놓겠습니다.

탈코르셋(Corset-free Movement)
사회가 여성에게 강요하는 외적, 내적인 억압에서 벗어나는 것이 주목적이다. 외적인 탈코르셋은 여성에게 강요되는 외모 기준에 얽매이지 않는 것. 예를 들면, 화장하지 않기, 긴 머리 자르기, 체모 놔두기, 치마 입지 않기, 과도한 씻기 거부하기 등이 이에 해당한다. 내적인 탈코르셋의 예는 부드럽고 애교 있는 여성스러운 말투 버리기, 조신함, 친절함, 순결을 강조하는 도덕성에서 탈피하기 등이다.

└, 학고

타인의 시선, 기대, 압박에서 벗어나자는 취지의 탈코르셋과 함께 새롭게 관심을 받는 활동이 있습니다. 세상에는 다양한 몸이 있고, 그 다양한 몸들은 그대로 받아들여져야 한다고 주장하는 '신체긍정운동'입니다.

무리한 다이어트로 살을 빼지 말고, 그대로 인정하자는 '지방인정운동'이 1960년대 후반부터 싹텄습니다. 50여 년이 지난 지금은 '모든 신체는 아름답다'는 모토를 중심으로 신장, 체중, 피부색, 인종에 관계없이 자기 몸을 있는 그대로 사랑하자는 '신체긍정운동'으로 발전했습니다.

⌐→ BOTONGE

외모에 대해 고민할 때 빠질 수 없는 부분이 다이어트인데, 50여 년 전부터 지방인정운동을 벌이고 있다니 놀랍습니다. 사실 다이어트의 역사는 채 100년이 안 되었지만, 20세기의 신흥종교라는 말이 생길 정도로 현대인들의 주된 관심사입니다. 그래서인지 그동안 나온 수만 개의 다이어트 방법에 더해 임산부가 다이어트를 하거나 성장기인 유아에게 다이어트를 시키기도 합니다.

주변을 둘러보면 다이어트와 관련되지 않은 게 없습니다. 다이어트 약, 다이어트 보조제, 다이어트 콜라, 헬스클럽, 지방흡입술. 저도 과자와 음료를 고를 때 칼로리를 먼저 봅니다. 칼로리가 높으면 선뜻 손이 가지 않더라고요. 먹으면서도 불안하고요.

└→ 칸

BOTONGE 님의 댓글을 읽으니, 마음이 무겁습니다. 이게 다 텔레비전과 SNS 때문이 아닌가 싶습니다. 텔레비전을 켜면 대부분 출연자가 날씬하고 예쁘잖아요. SNS를 봐도 마찬가지이고요.

얼마 전에 지하철을 탔는데 성형외과 광고가 너무 많아 놀랐습니다. 그런 광고를 계속 보니까 성형수술이 아무렇지 않게 느껴지는 듯합니다. 예전에는 수술, 하면 무서웠는데 이제 일상이 된 것 같아요. 이런 상황은 통계로도 파악할 수 있습니다.

> 한국 성인 중 67%가 취업이나 결혼을 위해 성형수술을 '할 수도 있다'고 대답, 특히 여성은 전 연령대에서 60% 이상이 취업과 결혼을 위한 성형수술을 긍정적으로 평가.
>
> (2020년 한국 갤럽 조사)

예전에는 선천적인 기형이 있거나 심한 사고로 다친 사람들의 얼굴과 신체 기능을 원래대로 돌려놓기 위한 성형수술이 더 많았는데, 요즘은 대부분이 미용 목적으로 이루어집니다. 그래서 한 번에 만족하지 못하고, 계속 수술하려 하는 성형 중독이 사회문제로 대두되고 있습니다.

'취업 성형', '외모도 스펙'이라는 말이 등장했잖아요. 그러고 보면 남자들도 성형을 많이 합니다. 아는 형이 취업 준비 중인데, 못생기지 않았지만, 면접 준비한다면서 쌍꺼풀수술을 했습니다. 좋은 인상을 주어야 한다는 것이 그 이유였습니다. 게다가 피부 관리도 받더라고요. 이제 남자도 깔끔한 외모 수준을 넘어 성형의 시대에 들어섰나 봅니다.

천원쌤 더하기

외모와 관련하여 생각해야 할 두 가지는 개인의 미적 권리와 외모 차별 금지입니다.

사람에게는 아름다움을 추구하려는 욕구가 있습니다. 이러한 욕구는 개인적으로 자신을 꾸미는 행동으로 나타납니다. 오래전부터 사람들은 장신구나 의상으로 치장하고, 신체에 그림을 그리거나 문신을 새기기도 했습니다.

아름다움은 시대는 물론 지역과 사회에 따라, 더 나아가 개인에 따라 다르게 표현됩니다. 그런데 최근에는 미디어가 발달하면서 아름다움에 대한 관점이 똑같아지고 있습니다. 사진과 영상, 그것을 전파하는 매체가 일반화하면서 개인은 주변으로부터 강력한 영향을 받습니다. 그에 따라 서로가 비슷한 미적 기준을 갖게 되었지요.

획일화된 아름다움에 대한 사회적 압박이 강해지는 추세 속에서 각 개인이 가진 미적 권리는 그만큼 더 중요합니다. 미적 권리는 소셜미디어와 같은 외부의 시선과 평가, 성적 편견이나 유행이라는 무언의 압력에서 벗어나 주체적으로 자신만의 고유한 아름다움을 발견하고 추구할 수 있는 권리이기 때문입니다.

외모지상주의 시대에서 일상적으로 겪는 차별이 외모 차별입니다. 외모 차별 역시 법으로 규제받아야 하지만, 단순히 외모만의 문제가 아니라 인종과 계급, 성(性)과 장애라는 다른 요인들과 결부되어 나타나기 때문에 이에 적용할 수 있는 법 조항은 매우 드뭅니다.

현재 우리나라 헌법은 누구든 차별받지 않는다고 선언했습니다. 하지만 실제적으로는 장애인과 성(性) 문제에만 개별적인 항목을 두어 차별을 금지하는 상황입니다. 이러한 한계 때문에 외모를 포함하여 어떤 이유로든 차별받지 않는다고 명문화하는 포괄적 차별금지법을 제정하기 위해 노력하고 있습니다.

외모 차별의 대표적 사례로 고용에서의 차별이 있습니다.

"키 172cm 이상 훈훈한 외모(男)" "주방(男), 홀(女)" "포장업무(남 11만 원, 여 9만7천 원)". 고용노동부는 지난해 9월 주요 취업 포털에 올라온 구인 광고 1만 4천 건을 모니터링한 결과 이처럼 성차별적 표현을 담은 채용 문구를 924건 확인했다고 밝혔습니다. (중략) 남녀고용평등법은 노동자를 채용할 때 남녀를 차별하거나 용모, 키, 체중 등 직무 수행에 필요하지 않은 신체 조건을 요구하지 않도록 하고 있습니다.

(홍준석, "'훈훈한 외모(男)'·'주방(男), 홀(女)' 성차별 구인광고 여전",

YTN 뉴스, 2023. 02. 01.)

이탐반의 생각거리

외모를 혐오의 대상으로 삼는 사람들이 많아지고 있습니다.
이들이 혐오를 멈추게 하려면 어떻게 해야 할까요?

사랑 그리고 성적자기결정권 :
내가 왜 차인 건데

BOTONGE

요즘 걱정이 하나 생겼습니다. 아는 친구들을 서로 소개해 주었는데 잘 사귀다가 싸우는 중이거든요.

친구들의 이름은 둘 다 승주예요. 한 사람은 남자, 한 사람은 여자. 이름이 똑같다는 사실이 둘이 만나는 계기가 되었어요. 어떻게 된 일이냐 하면, 앞집에 사는 남자애 승주에게 새로 다니기 시작한 학원에 같은 이름의 여자애가 있다고 이야기했더니 소개해 달라고 하더라고요.

그래서 여자 승주에게 "남자 승주 소개해 줄까?" 하고 의향을 물었는데, 선뜻 좋다더군요. 남자 승주에게 자기 연락처를 알려주라고 하면서 내 핸드폰을 가져다 자기 번호를 저장하고 실물보다 예쁘게 얼굴 사진을 찍어서 보내주기까지 했어요.

나는 아파트 놀이터에서 남승주를 만나 여승주의 뜻을 전했어요. 핸드폰을 켜서 사진도 보여주고요. 남승주는 헤 웃으면서 토요일에 같이 만나자고 했어요. 그런데 나는 더 이상 신경 쓰고 싶지 않아서 바쁘다고, 둘만 만나라고 이야기했지요.

주말 지나고 학교 가는 길에 남승주에게 어떻게 됐냐? 물었더니 정식으로 사귀기로 했다 그러더군요.

그다음 날부터 나는 '승주들의 연애' 시청자가 되었습니다. 남승주는 학교 가는 내내 줄줄이 이어지는 핸드폰 문자와 여승주가 찍어서 전송해 준 사진들을 보여줬습니다.

나는 소개를 담당한 사람으로서 어쩔 수 없이 관심을 보여야 했지요.

"나 진짜 소개받길 잘했어. 너한테 엄청 고맙다."

남승주가 기쁨에 겨워 말했어요. 토요일에 둘이 햄버거 세트를 사서 나누어 먹고, 공원 그네에 앉아 대화를 나눴다고, 너무 말이 잘 통해서 즐거웠다고, 앞으로는 주말마다 만나기로 했다고 뿌듯해했습니다.

학원에서 여승주는 내게 남승주와 전화로 무슨 말 하고, 언제 어디서 만나 무엇을 먹기로 했는지 시시콜콜 자랑 아닌 자랑을 했어요.

"승주가 나에 대해 뭐라고 해?"

여승주가 팔짱을 끼고 바짝 붙어 서며 물었습니다. 솔직히 그렇게 친한 사이는 아니었는데 말이에요. 나는 뽀얗게 비비크림을 바른 여승주 얼굴을 흘깃 넘겨보며 어떻게 대답해야 하나 고민했습니다.

"너랑 말이 잘 통한대."

간단하게 대답했어요. 남승주가 예쁘다는 말도 했는데 그건 뺐습니다. 여승주가 남승주를 만나보겠다고 한 뒤부터 비비크림을 바르기 시작했는데, 그래서인지 전보다 더 예뻐 보였거든요. 그러고 보면 남승주도 마찬가지였어요. 머리도 얼굴도 옷매무새도 깔끔하게 바뀌어 잘생겨 보였지요. 얼마 전까지만 해도 잘생겼다는 생각을 전혀 못 했는데 말이에요.

한 달 동안 승주들은 하루하루를 설레고 즐겁고 기쁘게 보냈어요. 나 역시 그 둘 사이에서 덩달아 설레고 즐겁고 기뻤지요. 너희들만 신나게 놀지 말고 나한테도 사귈 사람을 소개해 줘야지! 소리 지르고 싶었다니까요.

한 달 기념으로 데이트한 다음 날, 남승주가 네 컷 사진을 보여주며 흐뭇해했습니다. 영화를 봤는데 표 두 장을 자기가 다 샀다고 으쓱대더군요. 영화관을 나오는데 여승주가 사진을 찍자 해서 얼굴 맞대고 함께 찍었다, 사진을 찍고 나오는데 여승주가 내 손을 잡더라, 그래서 그냥 잡혀줬지 하며 헤벌쭉 웃었습니다.

그런데 그즈음부터 남승주가 이건 아니다 싶은 행동을 하기 시작했습니다. 둘이 놀면서 찍은 사진하고 동영상을 자기 반 아이들한테 보여주는 것도 모자라 모르는 애들한테까지 돌리고 다녔습니다. 어떤 아이는 동영상을 자기한테 보내달라고 요청도 하더라고요. 남승주는 알았다 고개를 끄덕였고요.

다행히 내가 그 자리를 지나다 남승주를 끌어내 막았지만, 하마터면 큰일 날뻔했습니다. 분위기에 휩쓸린 남승주는 생각 없이 그랬겠지만, 동영상을 보내달라고 말한 아이는 비슷한 일로 담임한테 혼났었거든요. 자기 SNS에 다른 사람이 찍은 동영상을 허락 없이 올렸다가 동영상 주인한테 항의받는데, 적반하장으로 "그게 뭐 별거냐" 하며 큰소리로 싸웠어요. 그렇게 싸우다 담임한테 걸려 벌까지 받았지요.

나는 남승주를 구석으로 끌고 가서 경고했습니다.

"너 그러다 여승주한테 고소당하면 어쩌려고 그래!"

"고소? 왜?"

남승주가 의아한 눈으로 물었어요. 전혀 사태 파악을 못 하더군요.

"그 동영상에 너만 있냐?"

"아니. 승주도 있는데."

"여승주가 그거 다른 사람한테 줘도 된대? 허락받았어?"

"아니."

남승주가 기가 죽어 말했습니다.

"너는 몰라도 여승주는 자기 얼굴이 모르는 사람들 사이에서 왔다 갔다 하는 걸 좋아하지 않을 거야."

"나쁜 짓도 아닌데 뭐. 손해날 게 없잖아!"

남승주가 오기를 부렸습니다.

"어떤 사람이 동영상을 이상하게 바꿔서 놀림거리로 인터넷에 올리면?"

나는 어쩔 수 없이 생각할 수 있는 최악의 상황을 제시했습니다. 가능성이 전혀 없는 것도 아니니까요.

"그걸 여승주가 알면? 여승주가 화가 나서 너를 고소하면? 여승주가 충격을 받아서 정신병에라도 걸리면? 그땐 어쩔 건데!"

나는 남승주를 확 밀어젖혔습니다. 충격요법이 통했는지 남승주는 그다음부터 여승주하고 찍은 사진과 동영상을 친구들에게 구경 삼아 보여주지 않더군요.

내가 이렇게 노력했건만, 승주들은 채 오십 일을 채우지 못하고 개와 고양이 같은 사이가 되었습니다. 싸움은 주로 핸드폰 문자를 통해서 했는데 그 사이사이 나를 통하기도 합니다. 그래서 스트레스로 변비가 생길 지경이에요.

이유는 크게 두 가지입니다. 데이트 약속, 스킨십. 여승주는 남승주가 데이트 약속을 지키지 않아 불만입니다. 무슨 사연이 냐면 승주들이 토요일에 만나기로 했는데, 남승주가 학원 수업 보강이 있다고 한 시간 전에 일방적으로 약속을 취소한 겁니다. 여승주는 데이트한다고 가족 여행도 안 갔는데 말이죠.

남승주는 보강이 있는 걸 전날 학원 수업 마친 뒤에야 알아서 어쩔 수 없었다 하고, 여승주는 그 소식을 듣자마자 이야기해 주든지 아니면 보강 수업이 끝난 다음으로 약속 시간을 미루었어야 했다, 반박했지요. 그래도 이 문제는 남승주가 미안하다고 사과하고, 약속은 어떤 식으로든 꼭 지킨다는 또 다른 약속을 하며 넘어갔습니다. 그날 이야기가 어쩌다 나오면 또 설전을 벌이긴 하지만, 그때는 간단하게 마무리되었어요.

두 번째로 스킨십 문제는 남승주의 불만이 더 큽니다. 자기를 무시했다 느끼거든요.

둘이 큰맘 먹고 용돈을 모두 털어서 놀이공원에 갔다고 했습니다. 놀이기구를 타고 간식을 사 먹으면서 신나게 돌아다녔더라고요. 다정하게 손을 잡고 사진도 많이 찍었고요. 근데 남승주가 여승주 어깨에 팔을 얹고 사진을 찍다가 여승주 볼에 뽀뽀한 거예요.

바로 여기에서 문제가 터졌지요. 갑작스러운 뽀뽀에 기분이 상한 여승주는 누가 자기한테 뽀뽀하라고 했냐고 따졌어요. 남승주 핸드폰을 가져가 방금 찍은 사진, 뽀뽀하는 장면이 나온 사진은 재깍 삭제해 버렸고요.

남승주는 그런 행동이 황당했다더군요. 하루 종일 손잡고 다녔는데, 자기가 돈을 더 많이 썼는데, 자기한테 어떻게 그럴 수 있냐고 분개했어요. 나는 돈을 더 많이 썼다는 소리에 "너 그거 성폭력이야. 데이트 성폭력!" 하고 쏘아붙였습니다. 세상에 돈을 이유로 상대 동의 없이 스킨십을 해도 된다고 판단하다니!

승주들은 둘 다 화가 잔뜩 난 채로 집에 돌아갔어요. 그다음 날 여승주가 그만 만나는 게 좋겠다고 문자로 이별을 통보했지요. 남승주는 여승주의 이별 문자에 답장을 보내지 않았어요. 나한테 와서 하소연만 했습니다. 자기가 왜 차여야 하는지 도저히 납득할 수 없다고요. 이대로는 자존심 상해서 못 끝낸다고요.

나는 남승주에게 사과하라고 충고했습니다. 손을 잡는 행동하고 뽀뽀는 별개의 문제다, 뽀뽀할 때는 어떤 식으로든 동의를 구했어야 했다, 너는 여승주의 성적자기결정권을 침해한 거다, 차

근차근 설명해 주었지요. 남승주는 알았다며 수긍하더군요.

그런데 여승주는 남승주의 사과를 받고 더 화가 나버렸습니다. 남승주가 미안하다는 말 뒤에 이상한 소리를 덧붙였더라고요. 남자는 본래 그렇다는 둥, 그게 멋있는 남자라는 둥, 드라마에서는 다 그런다는 둥. 그리고 결정적으로 자기가 돈을 더 많이 썼다고!

대대적으로 문자 전쟁이 시작되었어요. 차라리 헤어지면 나을 텐데 둘 사이에서 나만 곤란하게 되었지요.

└→ 도토리

데이트 성폭력이라는 말에 깜짝 놀랐습니다. 나도 여자 친구에게 뽀뽀하는데, 이것도 데이트 성폭력일까요? 내 여자 친구는 뽀뽀해도 뭐라 안 그러는데. 우리는 일 년째 사귀지만, 한 번도 다툰 적이 없어요.

└→ BOTONGE

그건 서로가 동의했느냐에 달렸습니다. 사람에게는 기본적으로 성적자기결정권이 있으니까요. 여자 친구를 사귀는 도토리 님에게 꼭 필요한 정보인 것 같아 성적자기결정권에 대해 알려드립니다.

한 달 전쯤 읽은 책에 나온 설명입니다.

'성적자기결정권'이란 통상적으로 '사회적 관행 또는 타인에 의해 강요받거나 지배받지 않으면서, 스스로 의지와 판단에 따라 자신의 성적 행동을 자율적이고 책임 있게 결정하고 선택할 권리'라고 정의된다. 따라서 어떠한 성별로 살아갈 것인지, 누구를 사랑할 것인지, 누구와 언제 어떻게 성관계를 할 것인지, 피임이나 임신, 임신 중절에 대한 결정, 여러 성적 행위와 연관된 자신의 몸에 대한 결정 등이 모두 성적자기결정권의 범위에 들어간다고 볼 수 있다.

(《연애와 사랑에 대한 십 대들의 이야기》 중에서)

└▸ 학고

여자 친구와 한 번도 다툰 적이 없다는 도토리 님이 너무 부럽습니다. 나도 언젠가는 도토리 님처럼 마음이 통하는 친구를 만나 좋은 연애를 할 수 있겠지요?

여자 친구 사귈 때를 대비해 미리 알아둔 연애 상식이 있습니다. 바로 9 대 1 법칙입니다. 서구 문화권에서는 일반화됐더라고요. 9 대 1 법칙은 키스하고 싶을 때 90%만 다가가 멈추고, 남은 10% 안에서 상대가 선택하도록 하라는 행동 요령입니다.

내가 애정을 느껴 상대에게 스킨십을 하고 싶을 때에는 어떤 식으로든 상대의 동의를 구해야 합니다. 내 스킨십을 받아들일지 거부할지는 상대의 의지에 달린 거지요. 상대가 거부 의사를 명확히 표현했음에도 스킨십을 한다면 그 순간 나의 스킨십은 성폭력이 됩니다. 상대의 성적자기결정권을 침해했으니까요.

↳ 책먹다뱉은여우

돈을 많이 썼으니 자기 뜻대로 해도 된다고 착각하는 남승주를 보니 절로 한숨이 나옵니다.

남자다움에 대한 편견에 갇혀 데이트 비용은 남자가 부담하는 것이라고 믿는 사람들이 있습니다. 다수의 남자가 이런 사회적 분위기의 영향으로 경제적 부담을 느끼고, 남성 차별을 주장하기도 합니다. 그런데 내가 아는 대부분의 여자는 남자가 전적으로 데이트 비용을 지불하는 행동에 오히려 심적 부담을 느낀다고 하더군요. 비용은 기본적으로 반씩 지출하고, 각자의 형편이 다르면 조금 더 넉넉한 사람이 그만큼 더 지출하는 것이 옳다고 생각합니다.

그리고 참, 데이트 통장이란 말을 들어봤나요? 요즘은 연인끼리 공용 통장을 만들어 일정액을 함께 넣어놓고 데이트할 때마다 그 돈을 쓴다더라고요.

↳ 칸

사랑이라는 게 뭘까요? 여자 친구를 사귀어 본 적은 없지만, 참 즐거울 것 같습니다. 싸우거나 헤어질 때는 슬프겠지만, 그래도 사랑하는 사람이 생기면 좋겠어요.

인터넷을 찾아봤더니 사랑의 삼각형 이론이 나왔습니다.

사랑의 삼각형 이론(Triangular Theory of Love)
심리학자 로버트 스턴버그가 개발한 이론으로 사랑은 친밀감, 열정, 헌신의 세 가지 요소로 구성된다. 친밀감은 상대방을 동료로서 느끼는 감정, 열정은 낭만적 감정, 헌신은 자신의 사랑에 대한 책임감을 의미한다.

친밀감, 열정, 헌신. 이 세 가지가 균형을 이루어야 올바른 사랑이 이루어진다고 해요. 승주 커플은 어땠을지 궁금합니다. 아마도 아직 어려서 균형을 찾지 못했겠지요. 나이가 들어 성숙해지면 나아질까요?

⌐→ 잡스

칸 님에게는 조금 실망스럽겠지만, 사랑에는 유효기간이 있습니다. 사랑을 하면 뇌에서 페닐에틸아민이 활성화하는데 18개월이 되면 내성이 생긴다고 합니다. 그래서 호르몬 측면에서 봤을 때 사랑의 유효기간은 18개월밖에 안 된대요.
특히나 청소년들은 뇌가 변화하는 과정에 있기 때문에 사랑을 느끼는 기간이 4개월이 채 안 된답니다. 그래서 쉽게 만나고, 쉽게 좋아하고, 쉽게 헤어지나 봅니다.

이야기 속의 승주들 말고도 내 주변에는 쉽게 시작해서 쉽게 끝내는 친구들이 많습니다. 처음 본 날 너무너무 좋다고 호들갑을 떨다가, 일주일 후에 욕하면서 헤어지는 친구도 봤어요. 예전에는 왜 저럴까 싶었는데, 지금은 이해가 됩니다.

└→ a=b=c

사랑을 만드는 비법을 소개합니다.

> 상대방과 눈을 맞춰라!
> 사랑을 고백하려면 특별한 날을 피해라!
> 흥분할 수 있는 곳에 가라!
> 상대의 약점을 감싸주어라!

《사랑을 물어봐도 되나요?》라는 책에서 간추린 내용입니다. 마음을 끄는 이성 친구를 만났을 때 참고하세요.

└→ 말랑 몬스터

다른 아이들처럼 나도 여자 친구를 사귀고 싶은데 엄마가 반대합니다. 마음이 산만해져서 성적 떨어지고 게다가 사고 치면 어떻게 하냐고요. 청소년이 연애할 때 좋은 점은 뭐가 있을까요? 엄마한테 말해주려 합니다.

사실은 좋아하는 아이가 생겨서 그 아이에게 고백하고 싶어요. 어떻게 하면 좋을까요?

⌐, BOTONGE

걱정이 많은 말랑 몬스터 님에게 《나의 첫 젠더 수업》이라는 책에 나온 내용을 알려드리겠습니다.

2013년에 서울시에서 연구한 결과에 따르면 공부와 각종 과제에 정신없는 와중에도 많은 학생이 몰래몰래, 살짝살짝 연애를 한다고 하네요. 초등학교 6학년 1116명 가운데 42%, 중학교 2학년 1078명 가운데 38%, 고등학교 2학년 및 쉼터·보호관찰 청소년 1229명 중 46%가 연애 경험이 있거나 연애 중이었어요.

학자 이명신과 곽종형은 2016년에 한 연구를 통해 연애는 사회적 관계를 확대함으로써 청소년기의 자아 중심성을 극복할 기회를 제공한다는 것을 발견했어요.

우리 같은 남자 청소년에게 연애는 여자 청소년에 대한 이해를 넓히는 계기가 됩니다. 여성과 원만하게 지내기 위해 예의를 갖춘 대화와 협력, 배려를 자연스럽게 몸에 익힐 수 있어요.

사춘기 교실에서
여학생과 남학생이 사는 법

고백은 솔직함이 최고입니다. 현재의 감정과 앞으로의 바람을 이야기하세요. 만약 얼굴 보고 말하기가 부끄럽다면 전화 통화, 문자, 편지 역시 훌륭한 방법이에요. 상대가 어떤 방식을 선호하는지 알아보고 고백하면 더 나을 거고요.

주의할 사항도 있어요. 고백했는데 안 받아준다면, 계속해서 고백하지 말고, 어느 선에서 멈추어야 해요. 상대 의사를 존중하지 않고 내 마음을 알아달라 강요하는 행위는 자칫 폭력으로, 스토킹으로 변질될 수 있으니까요.

천원쌤 더하기

세상 사람 누구에게나 사랑할 권리가 있습니다! 젊고 건강한 어른들만의 권리가 아니지요. 아이, 노인, 장애인, 성소수자, 한창 성장 중인 청소년까지 모두에게 주어진 권리입니다.

우리를 기쁘게 하는 사랑은 때론 우리를 슬프게도 하지만 사랑이 없다면 삶이 얼마나 무의미할까요? 사랑이 오면 열렬히 사랑하라! 하지만 나의 사랑이 누군가에게 상처가 되어서는 안 되겠습니다.

건강한 데이트를 위한 조언

하나, 데이트는 인간관계 기술이 중심이다. 나의 감정을 전달하고 상대방의 감정을 정확하게 이해하는 능력을 길러야 한다.

둘, 잘 헤어질 남자가 되어라. 이별의 이유가 무엇이든 마지막의 좋은 모습은 서로에 대한 배려이며, 새로운 사랑을 할 수 있는 준비이다.

셋, 헤어질 때는 SNS와 스마트폰의 기록을 정리하라. 서로 사귈 때 만들었던 사랑의 기록들이 헤어지면 협박, 복수, 인격 모독, 음란물로 편집될 수 있다.

넷, 남자에게도 첫 성관계는 중요하다. 첫 관계에는 사랑과 감정 교류가 함께해야 한다. 성관계를 하려고 사랑한다고 말하면 안 된다.

다섯, 성관계에는 생명이 따라온다. 성관계 후에 오는 일들을 잘 알고 있는지, 어떤 대안이 있고, 자신이 감당할 수 있는지 점검해야 한다.

여섯, 성적 접촉과 관련하여, 상대가 'No'라고 하면, 'No'로 받아들여야 한다.

《아우성 빨간책— 남자 청소년 편》에서 일부 내용 정리)

만나고 사랑하고 그 감정이 영원히 이어지면 좋겠지만, 그렇지 못한 경우가 더 많습니다. 바로 이별입니다. 이별할 때도 서로를 존중해야 합니다. 어떻게 이별할지 서로 협의하는 과정이 필요하지요. 일방적으로 상대와 연락을 끊어버리면 이것 역시 폭력

이 됩니다. 연락은 어떻게 할지, 어떤 관계로 남을지 합의해 두면
이별 뒤에도 서로에게 상처 될 일은 없습니다.

이탐반의 생각거리 ⚡✦

누군가와 사귈 때,
상대에게 나는 어떤 사람이 되어야 할까요?

사춘기 교실에서
여학생과 남학생이 사는 법

승주가 많이 다쳤습니다

말랑 몬스터

"뭐? 승주가!"

엄마가 놀란 얼굴로 소리를 질렀다. 작은엄마한테서 걸려 온 전화를 받던 중이었다.

"무슨 일인데요?"

젓가락질을 멈추고 내가 물었다.

"승주한테 안 좋은 일이 생겼어."

엄마가 안방 쪽으로 종종걸음을 치며 얼버무리듯 대답했다. 안 좋은 일? 근데 왜 나는 못 듣게 하는 거지? 들고 있던 젓가락을 내려놓았다. 걱정되어 밥이 넘어가지 않았다. 방으로 들어가 침대에 벌렁 누웠다.

이리저리 뒤척이는데 엄마가 어두운 얼굴로 내 방에 들어와 한숨을 내쉬었다.

"승주 불쌍해서 어쩐다니? 성폭행당했단다."

"성폭행이요? 승주는 남잔데?"

성폭행이라는 말에 벌떡 일어나 앉았다. 그리고 바보 같은 소리를 내뱉고 말았다. 승주는 남자고 남자는 성폭행하면 했지, 당하지는 않아, 이것이 그 당시 내가 지닌 편견이었다.

"남자는 사람 아니라니? 학원 원장이 상담한다고 불러놓고 계속 거기를 만졌다더라. 한두 번이 아니었대."

거기는 생식기를 말하는 거였다.

"아, 미친! 싫다고 뿌리치면 되지! 소리라도 지르던가!"

나는 또래 중학교 이 학년 남자아이들보다 키 크고 힘도 센 승주가 왜 가만히 당하고만 있었는지 납득할 수 없었다.

"다니는 학원 원장이 그러는데 학생이 어쩌겠니."

"원장이라도 그렇지! 신고한다고 하면 되잖아!"

"신고? 신고하면 무고죄로 고소한다고 되레 협박하더란다. 증거 있냐면서."

"그러면 그날로 작은엄마나 작은아빠한테 얘기했어야지."

말을 마친 순간 저절로 고개가 숙었다. 내가 그 입장이었으면 도움을 청할 수 있었을까? 부끄럽고 창피했을 텐데.

"하도 학원을 안 가고 땡땡이쳐서 붙잡아 놓고 대판 혼내는데, 갑자기 비명을 지르더래. 원장이 거기를 주물러댄다고 고래고래 소리 지르면서 물건을 내던지고 발작을 하는데……."

엄마가 말을 끝맺지 못하고 크게 한숨을 내쉬었다.

"그래서 작은엄마가 신고는 했대요?"

"했지. 했는데 경찰이 수사하는 과정에서 이런 내용이 주변에 알려져 승주가 더 어렵게 됐어. 원장은 원장대로 원래 이상한 아이다, 관심 끌려고 하는 짓이다, 헛소리 지껄이고."

"많이 힘들대요?"

"그래. 그래서 말인데 내일 나랑 승주네 좀 가자. 작은엄마가 너 좀 데리고 와달래."

"나를요?"

"승주가 학교를 안 가. 아니 못 간대. 반 애들이 하도 못된 소리를 해대서! 왕따 저리 가라더라."

애들이? 자기 일 아니라고 갖은 억측을 해댔을 터였다. 어쩌면 승주 너도 좋아한 거 아니냐고, 그래서 계속 학원 나간 거 아니냐고, 네가 먼저 요구한 건 아니냐고 대놓고 몰아붙였을지도 몰랐다. 나쁜 놈들!

"계속 집에만 있으면 안 되잖니. 상담센터에 보내고 싶은데, 거기도 안 가겠다고 버텨서 작은엄마가 보통 걱정하는 게 아냐.

네가 와서 말 좀 해달래.”

“어떤 말이요?”

“음, 너는 그래도 승주 또래고 같은 남자니까 뭔가 통하는 게 있을 것 아니니. 갈 거지?”

승주를 만날 일이 막막하고 겁이 나 선뜻 대답할 수 없었다. 엄마가 두어 차례 재촉한 다음에야 마지못해 고개를 끄덕였다. 잠시 생각에 잠겼던 엄마가 아무튼 큰일이다, 혼잣말하며 방을 나갔다.

멍하니 앉았다 다시 침대에 누웠다. 무슨 말을 해야 하지? 마음에 상처를 입은 승주에게 위로가 될 이야기가 뭘까?

나는 컴퓨터를 켜고 그 앞에 앉았다. 성폭력이 무엇인지부터 검색해서 읽었다. 승주는 성폭력을 당한 것이 확실했다. 어떻게 대처해야 하나 방법을 찾기 위해 성폭력상담소 홈페이지에 들어갔다. 대응 요령과 절차에 대한 정보는 물론 상담을 신청하도록 짜여 있었지만 사촌 형인 내가 나설만한 영역이 아니었다.

청소년성문화센터 웹사이트에 들어가 성폭력을 당했을 때 나타나는 증상에 대해 알아보았다.

심리적 증상으로 불안, 우울, 짜증, 자책감, 자괴감이 나타나고, 쉽

게 싸우거나 웃어야 할 때 울기도 한다. 대인기피, 외상 후 스트레스
장애 증상을 보인다.

이 내용을 읽고 나니 승주가 발작 증상을 보이고 밖에 나가
지 않는다는 말이 비로소 현실감 있게 다가왔다. 승주의 고통이
얼마나 크고 무거운지 이해되었다.

한 시간 이상 여러 웹사이트 자료실을 헤매다 성폭력으로 어
려움을 겪는 사람에게 해주어야 할 말과 하지 말아야 할 말이 쓰
인 표를 찾아냈다. 성폭력을 당한 사람들이 주로 여성이어서 여
성 피해자 입장에서 쓰였지만, 남자에게도 똑같이 해당되는 내용
이었다. 하지만 고작 한 살 많은 또래인 내가 승주에게 언급하기
에는 내용이 너무 어른스러웠다.

표 밑으로 크고 진하게 강조된 글자가 눈에 들어왔다. 2차 가
해, 뉴스에서 얼핏 들은 기억이 났다.

성범죄자의 심리에 동조하며 2차 가해를 하기도 한다. 피해자에게
잘못된 사람, 불행한 사람이라는 거짓 통념을 씌워 괴롭히지 말아
야 한다.

싫다고 뿌리치면 되지! 고함이라도 지르던가! 승주가 성폭력을 당했다는 이야기를 듣고, 내가 홧김에 쏟아냈던 말이 퍼뜩 떠올랐다. "네가 적극 거부하지 않았으니 네 잘못이다"라는 의미가 포함된 말들이었다. 사촌 형인 내가 가해자인 원장 편에 서서 승주를 비난했다는 사실을 깨달았다.

2차 가해였다. 나 역시 피해자인 승주에게서 원인을 찾고 있었다. 싫다고 할 수 없는 이유가 수없이 많았을 텐데 승주 탓부터 한 거였다.

머리가 멍해졌다. 이렇게 부족한 내가 승주를 만나도 되나? 나도 모르게 상처 주는 소리나 하면 어쩌지? 아무리 자료를 읽고 공부한다 해도 내 머릿속의 잘못된 생각을 모두 찾아내 고칠 수는 없잖아.

컴퓨터를 껐다. 내가 건네는 한마디가 승주를 더 아프게 할 수 있다, 두 시간 남짓 동안 내가 알아낸 사실은 이것 하나뿐이었다. 만나지 않는 게 더 낫다. 엄마한테 못 간다고 말해야 했다.

다음 날 아침, 엄마가 밥상을 정리하며 말했다.

"설거지만 하고 출발할 거니까, 빨리 씻어."

"엄마, 나 꼭 가야 해요?"

자신 없다고, 승주 보기 미안하다고, 가서 실수할 것 같다고 차마 이야기할 수 없었다.

"너는 승주가 걱정되지도 않니? 작은엄마는 상황이 나아지지 않으면 승주 데리고 이사할 거래. 죄지은 놈이 도망쳐야지, 승주가 왜 도망쳐!"

엄마가 개수대에 빈 그릇을 거칠게 내려놓으며 소리쳤다.

"한번 도망치기 시작하면 영원히 도망쳐야 하는 거야. 너는 승주가 평생 숨어 지내면 좋겠어?"

"할 말이 없으니까 그러지…… 괜히 잘못 말했다가 상처나 주면 어떻게 해."

나는 결국 속마음을 털어놓았다.

"그럼 안 나오는 말 억지로 꾸며대지 말고 그냥 같이 놀아."

"같이 놀 자신 없어요. 안 가면 안 돼요?"

"지금 네가 안 가면 승주 마음이 더 아프지 않을까? 형까지 자신을 멀리한다고, 혹시 자신이 더럽게 변해서 그러나 오해라도 하면……."

"그건 아닌데……."

내가 방문한다는 소식을 승주가 벌써 들었으면 그런 오해도 가능했다.

"성폭력이라는 게 정 부담스러우면 승주가 학교 일진한테 맞았다고 생각해."

"일진요?"

"그래. 맞아서 엄청 아프겠다고, 폭력을 쓴 놈들은 다 나쁜 놈들이라고 말해주면 되지 않을까? 성폭력도 폭력이니까."

마음속에 뭉쳤던 덩어리가 조금 풀어지는 것 같았다. 어제 읽었던 글귀가 기억났다.

"네 잘못이 아니라고 이야기해 주라던데요."

"당연히 승주 잘못이 아니지. 그러니까 승주도 작은엄마도 당당해야 해. 그러기 위해서는 너도 당당하게 승주 만나야 하고."

"알았어요. 가서 씻을게요."

그래, 승주 입장에서 생각하고 말하면 돼. 나는 일어섰다.

└→ 도토리

성폭행? 성폭력? 말이 헷갈려서 뜻을 찾아보았습니다.

성폭력

성희롱, 성추행, 성폭행 등 상대방이 원하지 않는 성적 행위를 통해 타인에게 정신적, 육체적 손상을 주는 모든 범죄 행위를 포괄하는 말.

궁금한 게 있는데 학원 원장은 여자인가요? 남자인가요?
가해자의 성별은 중요한 사항이 아니라는 건 알지만, 그래도 궁금합니다. 내가 다니는 학원 원장 선생님은 다 여자거든요. 여자가 성폭력을? 상상이 잘 안 되어서요.

↳ 말랑 몬스터

일부러 원장의 성별은 밝히지 않았습니다. 근본적으로 성폭력은 권력의 문제라고 해서요. 가해자가 원장이고 어른이어서 승주보다 힘이 세다는 사실이 핵심이라고 생각했습니다. 그리고 가해자는 남자, 피해자는 여자라는 도식은 가해자에게도 피해자에도 도움이 안 됩니다. 이런 고정관념 때문에 똑같이 성폭력을 당했음에도 남자들이 더 창피해하고 괴로워한다더라고요. 감추려는 경향이 여자보다 더 강해서 상담조차 받지 못하고, 그만큼 고통에서 벗어나기 어렵다고 합니다.

우리나라에서 성폭력을 당했다고 처음으로 고소한 남자가 누구인지 아십니까? 공장에서 근무하던 20대 남자 직원이라고 합니다. 오래전부터 근무해 온 아주머니들이 새로 입사한 20대 남자 직원의 엉덩이를 치거나 성적으로 수치심을 일으키는 이야기 등을 하면서 성희롱한 사건입니다. 수적으로 우세한 아주머니들이 자신들이 가진 힘을 이용해 수적으로 약한 남직원을 괴롭혔지요. 여자도 권력을 가지면 성폭력을 행사할 수 있다는 사실을 확인한 사례라고 합니다.

↳ BOTONGE

성폭력 가해자가 대부분 아는 사람이라고 하지만, 평소에 믿고 따랐을 학원 원장에게 당했다니 더 화가 납니다. 게다가 같이 공부하는 반 아이들에게까지 2차 가해를 당하다니……. 아이들이 승주에게 피해자다움을 기대한 건 아닌지 모르겠네요. 승주는 나름대로 용기를 가지고 행동했는데, 자기가 상상하는 피해자 이미지하고 다르니까 엉뚱한 의심을 하고 공격하지 않았나 싶습니다.

> 피해자다움
> 피해자가 피해자답게 저항하고 괴로워할 것과 의기소침하고 우울해할 것을 기대.

승주가 발작했다고 하니, 외상 후 스트레스장애를 겪고 있는 건 아닐까요? 빨리 상담받고 예전의 모습을 되찾으면 좋겠어요. 글을 읽는 내내 승주에게 어떤 말을 해주면 좋을까 고민했습니다. 도서관에 가서 자료를 찾아보고 승주 상황에 맞게 고쳤습니다.

"우리는 승주 너 믿어. 가해자 때문이지 피해자인 승주 너 때문에 일어난 일이 아니야. 다른 아이였더라도 마찬가지였을 거야. 그 상황에서는 어떻게 할 수 없었어. 승주 네가 화가 나는 건 당연해."

↳ 잡스

인터넷을 사용하다 보면 가끔 이거 범죄 아냐? 싶은 내용을 접하게 됩니다. 최근 들어 디지털 성폭력 범죄가 심각하다는 신문 기사도 나왔고요.

이번 통계에서 특히 눈길을 끄는 대목은 전체 성폭력 범죄 가운데 아동·청소년 성착취물 제작·배포, 불법촬영(카메라 등 이용 촬영·배포)과 같은 디지털 성폭력 범죄가 차지하는 비율이 크게 늘었다는 점이다. 이 비율은 2017년 20.2%, 2018년 20.4%, 2019년 20.2%, 2020년 25.1%를 보이다가 지난해 33.0%로 크게 뛰었다.
(오세진, "우리나라 여성 38.6% '성폭력 경험'…
디지털 성범죄 증가세 심각", 한겨레 신문, 2022. 12. 29.)

우리가 하루종일 사용하는 통신기기가 범죄 도구로 사용된다니 두렵고 안타깝습니다. 최근에 '디지털 그루밍'이 심각한데, 청소년을 심리적으로 조정해서 반항하지 못하게 한 뒤 성을 착취하는 행위라고 합니다. 우리 또래 중 누군가가 지금도 당하고 있다고 생각하니 섬뜩합니다. 정부에서는 어떤 대책을 세워두었는지 궁금합니다.

⌐, 학고

디지털 성폭력이 아동과 청소년을 대상으로 많이 일어나기 때문에 청소년보호법을 개정해 처벌을 강화했다고 합니다. 그런데 청소년들 역시 디지털 성범죄의 가해자인 경우가 많다는 사실, 알고 있었나요? 아는 사람 얼굴에 음란물을 합성해서 유포하는 행위가 청소년들 사이에 유행하고 있는데, 이것 때문에 디지털 장의사라는 직업도 생겼다는군요. 혹시라도 이런 장난질을 하는 친구를 발견하면 범죄 행위라는 사실을 명확히 알려주고, 미성년자라고 해도 강력한 처벌을 받는다고 경고해 줘야겠습니다.

⌐, 책먹다뱉은여우

피해자를 도와주기 위해 공공기관에서는 어떻게 대응하는지 조사했습니다. '성희롱 성폭력 고충 상담원 업무 매뉴얼'을 찾았는데 피해자 입장에서 피해자 중심으로 활동하기 때문에 2차 가해가 아닌 '2차 피해'라는 용어를 사용하더군요.

승주 같은 경우는 2차 피해 유형 중에서 '피해자 등에 대하여 조사 과정이나 조직 생활에 있어 재차 성희롱적 언동을 하거나 의심, 비난, 따돌림, 폭언, 폭행 등 정신적 신체적 손상을 가져오는 행위'에 해당했습니다. 승주도 2차 피해에 대한 지원을 받을 수 있겠다고 판단되어 절차를 찾아보았는데, 꽤 복잡하고 어려웠어요. 그래도 피해를 구제받을 수 있으니까 주변 어른들과 함께 구체적인 방법을 찾아보라고 승주에게 말해주고 싶습니다.

ㄴ, 칸

이야기에 나온 '무고죄'라는 낱말이 너무 낯설었습니다. 그래서 컴퓨터로 알아보았습니다.

> 무고죄
> 다른 사람이 형사 처벌이나 징계를 받게 할 목적으로 그 사람에 대한 허위 사실을 고소나 고발, 서면이나 구두, 투서 등의 방법으로 검찰이나 경찰에 신고하는 행위.

솔직히 무슨 뜻인지 알 수 없어서 관련 내용을 찾아 읽다가 이런 글을 발견했습니다. 승주하고 직접적으로 연결되는 내용이다 싶어 복사했습니다. 그런데 이것도 글이 너무 어렵습니다. 쉽게 설명해주실 분 안 계신가요?

> 성폭력무고 고소 사건의 기소율은 매우 낮고 성폭력무고로 유죄 판결이 선고되는 사례는 극히 소수로 나타나, 성폭력무고가 과도하게

부풀려져 인식되고 있으며, 성폭력 피해자를 무고로 고소하는 2차 가해가 발생하고 있음을 확인할 수 있음.

(김정혜, "'성폭력무고 고소'라는 2차 가해–성폭력무고죄 검찰 통계 분석", 한국여성정책연구원, 2020. 05. 22.)

↳ **천원쌤**

법률 용어로 쓰여 어려운 것이 당연합니다. 간단히 설명하면, 무고는 거짓을 꾸며 누군가를 고소하는 것이고, 그 경우 무고죄에 따라 처벌받게 됩니다.

그러니 성폭력무고는 성폭력을 당했다고 거짓으로 고소하는 것입니다. 이 경우도 역시 무고죄로 처벌받게 되고요. 하지만 대부분의 성폭력 고소는 거짓이 아닌 것으로 판결 났습니다. 가해자가 피해자를 괴롭히기 위해 성폭력무고 혐의로 맞고소했다면 2차 가해 행동이고요.

많은 남성이 거짓으로 고소당하면 어쩌나 걱정하면서 성폭력무고에 관심을 두는데요, 실제 상황을 분석해 보면 아무런 근거 없이 성폭력을 당했다고 고소하는 경우는 매우 적습니다.

천원쌤 더하기

성폭력은 여자만의 또는 남자만의 문제가 아닙니다.

내가 남자라면 대부분의 가해자가 왜 남자일까에 대한 고민이 필요합니다. 일부 남자들이 여성을 가해하지 않도록 견제하고 피해자와는 연대해야 합니다. "나는 착해서 안 그래, 나쁜 남자들과는 상관없어"라는 태도는 성폭력 가해자 뒤에서 팔짱을 끼고 구경만 하는 방관자와 다르지 않습니다.

혹시 본인이 성폭력을 당한 남성 피해자라면 "남자는 강해야 한다"라는 편견 때문에 힘들어하지 않아도 됩니다. 남자 역시 자신보다 힘과 권력이 센 사람에 의해 성폭력을 당할 수 있습니다. 이를 당연히 벌어질 수 있는 일로 받아들여야 합니다.

내가 여자라면 나 역시 가해자가 될 수 있음을 경계해야 합니다. 내가 가진 힘과 권력을 이용하여 상대를 성적으로 억압한다면 그것이 성폭력입니다.

성폭력 피해를 본 여성이라면 성폭력 역시 다른 폭력과 다르지 않음을 기억하고, 자책하지 않아야 합니다.

성폭력 피해자가 여성이든 남성이든 주변에 적극적으로 도움을 청한 뒤 법적으로 대처해야 하고, 지금 벌어진 일들은 가해자의 잘못임을 기억하세요. 신체적, 정신적으로 상처가 나을 때까지 자신을 돌보는 일에 충실해야 합니다.

또한 성폭력은 단순히 가해자와 피해자만의 문제가 아닌, 모두의 문제입니다. 누구 한 사람의 행동만으로는 사라지지 않습니다. 사회 구성원 전체의 노력이 함께해야 합니다. 남성 가해자가 다수인 현 상황에서는 특히 남성들의 참여가 중요합니다.

다음은 《맨박스, 남자다움에 갇힌 남자들》 책에 소개된 것으로 ACTM(A Call To Men, 행동하는 남자들의 모임)에서 활동하는 토니 포터가 성폭력 문제를 해결하기 위해 선한 남자들에게 보내는 일곱 가지 메시지입니다.

하나, 남성 중심주의는 사라져야 합니다.

둘, 가정폭력과 성폭력을 근절하는 노력은 남성들의 몫입니다.

셋, 폭력과 차별은 종류와 관계없이 사라져야 합니다.

넷, 여성들이 내는 목소리에 귀 기울여야 합니다.

다섯, 여러 억압 행위에는 교차점이 존재한다는 점을 기억해야 합니다.

여섯, 지역사회에 기반을 둔 참여를 유도해야 합니다.

일곱, 남성 스스로 남성에 대한 희망을 가져야 합니다.

이탐반의 생각거리

남성 중심주의와 성폭력은 어떤 관계일까요?

가부장제와 젠더 평등 :
성씨를 바꾸고 싶어요

칸

나는 다문화가정자녀이고, 내 친구 유승주도 그렇다. 나는 엄마 아빠가 모두 몽골인인데 승주는 엄마만 몽골인이다. 우리 엄마와 승주 엄마가 잘 아는 사이라서, 오래전부터 우리는 친하게 지낸다. 워낙 초등학교 시절부터 같은 학교에 다녔고, 엄마들과 같이 만나서 밥을 먹고 어울려 뛰어논 적도 많다.

지금은 다른 반이지만 일 학년 때는 같은 반이었다. 그때는 등하교도 같이하고, 점심도 함께 먹었다. 지금은 점심만 함께 먹는다. 작년 겨울에 승주가 다른 집으로 이사했기 때문이다. 엄마 말로는 승주 아빠가 실직하는 바람에 당장 쓸 돈이 부족해 우리가 사는 다세대 주택보다 작은 집으로 옮겼다고 한다.

얼마 전부터 승주는 성(姓)을 바꾸고 싶다고 말한다. 지금은 아빠 성을 따서 유 씨인데 몽골 방식대로 엄마 이름을 성으로 쓰면 좋겠다는 거다. 엄마 이름이 체원랍당 바다리츠니까 엄마 이름인 바다리츠를 성으로 써서 유승주가 아닌 바다리츠 승주가 되고 싶다고 했다. 아니 지금 안 되면 나중에라도 꼭 바꿀 거라고 한다. 몽골에서는 원래 엄마 이름과 아빠 이름 모두를 성으로 사용하는데 요즘은 아빠 이름만 주로 쓴다. 그래서 내 이름은 레제트마 강바타르이다. 엄마 아빠가 몽골인이기 때문에 몽골 이름을 쓴다. 몽골 이름은 한국 이름에 비해 너무 길고 그래서 눈에 띈다. 이름만 들어도 내가 다문화, 아니 정확히 말하면 외국인이라는 걸 알게 된다. 하는 말도 생김새도 한국인과 비슷한데 내가 외국인이라는 사실을 아는 순간 사람들의 표정이 달라진다. 하지만 유승주는 아빠가 한국인이라서 한국 이름을 쓰는 진짜 한국인이다. 엄마가 몽골인이라는 사실만 밝히지 않으면 누구도 승주를 이상하게 보지 않는다.

나는 유승주가 왜 성을 바꾸고 싶어 하는지 이해할 수 없었다. 엄마 이름을 성으로 사용하는 순간 나처럼 호기심의 대상이 될 텐데. 그래서 왜 그런 생각을 하는지 이유를 물었다. 승주는 "그냥 유 씨가 마음에 안 들어" 하면서 늘 얼버무렸는데, 어느 날 아빠가 싫다고 말했다. 승주 아빠가 실직했다는 이야기가 생각났지만, 그냥 "왜 싫은데?"라고만 물었다.

"엄마한테 자꾸 소리 질러."

"아빠들은 워낙 그러잖아."

언젠가 엄마 아빠가 싸웠던 일이 떠올랐다.

"엄마가 식당에서 일하느라 늦게 들어오는 걸 알면서도 그래. 자기는 술만 마시면서."

"술? 니네 아빠 술 많이 마셔?"

"응. 일은 안 하면서 엄마가 벌어온 돈으로 술만 사다 마셔."

"일이 없으면 심심하니까⋯⋯."

"요즘은 일거리가 들어와도 나가지 않아. 자기가 엄마 주인이니까 엄마가 버는 돈은 자기 돈이래. 자기가 집안 가장이라고 엄마는 말도 못 하게 해."

나는 고개만 주억였다. 승주네 집은 분명 잘못되었고, 그만큼 승주 역시 괴로울 거였다. 하지만 입이 떨어지지 않았다. 같이 화를 내면 승주가 더 불쌍해질 것 같았다.

일주일쯤 뒤 승주가 멍이 든 얼굴로 학교에 왔다. 아빠한테 따귀를 맞았다고 했다. 아동학대라는 말이 생각나 가슴이 벌렁거렸지만 "어쩌냐⋯⋯"라는 말만 했다.

"엄마가 불쌍해."

승주가 붉어진 눈을 감추려 고개를 휙 틀었다.

"엄마가 너무 피곤하고 힘들어서 내가 저녁을 차렸는데, 아빠가 그러지 말래. 그건 엄마 일이라고. 여자는 밖에서 일하든 말든 집에 오면 밥을 차려야 한대. 그게 말이 되냐고, 이러다 엄마 쓰러지면 어떻게 하냐고 말했는데, 아빠한테 덤빈다고 맞았어."

"니네 아빠 너무 한다. 엄마는 뭐래?"

"몰라! 우리 엄마는 말 잘 안 해."

얼마 안 있어 승주가 이번엔 다리를 절룩이면서 등교했다. 아빠가 엄마를 때리는 걸 말리다 다리를 다쳤다고 했다. 병원은 다녀왔냐는 물음에 엄마가 돈을 줘서 갔다 왔다고 했다.

"니네 엄마는?"

차마 많이 다쳤느냐고 묻기가 겁이 났다.

"넘어지면서 팔목을 다쳤어. 그래도 식당에 출근했을 거야. 난 엄마가 이혼했으면 좋겠어. 그런데 엄마는 나 때문에 못 한대. 이혼하면 아빠가 엄마를 몽골로 쫓아버린다고 했거든."

"진짜? 그러면 너 엄마 못 봐?"

"아마도……."

나는 집에 돌아가 엄마에게 승주네 이야기를 했다. 승주와 승주 엄마에게는 도움이 필요했다.

"승주 아빠가 워낙 괴팍해서 걱정했는데……."

엄마가 눈살을 찌푸리며 말했다.

"어떻게 해요?"

"엄마가 몽골인 협회하고 지원센터에 알아볼게. 제일 중요한 건 승주 엄마 마음인데, 어떻게 할지 모르겠다."

"이혼하면 승주 엄마 진짜 몽골로 가야 해요?"

승주가 제일 걱정하는 부분이었다.

"글쎄…… 지금은 바뀌어서 안 그럴 텐데, 정확한 건 몰라. 물어봐야지."

엄마가 한숨을 쉬며 주방으로 갔다.

아빠는 야근한다고 해서 엄마와 나 둘만 저녁을 먹었다. 여자로 태어나 낯선 나라에 온 게 무슨 죄라고, 혼잣말하던 엄마가 밥을 먹다 말고 승주 엄마에게 문자를 보냈다.

열 시 넘어서 승주 엄마에게서 전화가 왔다. 엄마는 승주 엄마와 몽골어로 오랫동안 통화했다. 어렸을 때 한국으로 왔기 때문에 나는 몽골어 실력이 부족해 무슨 이야기를 하는지 정확하게 알아들을 수 없었다.

내가 승주라도 성을 바꾸고 싶을 것 같다. 돈을 벌고 못 벌고를 떠나서 엄마를 때리는 아빠는 인정하고 싶지 않을 거였다. 아빠가 가장이라고 큰소리를 치면 칠수록 아빠한테서 받은 유씨 성이 싫을 게 당연했다. 아빠를 벗어나, 아니 유씨 성 자체를 버리고 엄마와 단둘이 사는 게 낫다고 판단했겠지.

대체 승주 아빠는 승주를 사랑하기는 하는 걸까? 설마 승주 엄마처럼 승주도 자기 소유물로 생각하는 건 아닐까? 자기 성을 따른다고 해서 자기 소유는 아닌데, 화가 나고 마음이 무거웠다.

얼마 뒤, 점심시간에 승주를 만났다. 내가 내민 과자를 받으며 승주가 말했다.

"다음 주에 이사할 거야. 엄마가 집 알아본다고 했어."

"너네 아빠는?"

"일 구해서 살겠지. 엄마랑 이혼하면 돈도 없으니까."

"이혼하시는구나."

"아빠는 절대 이혼 안 해준다고 난리인데, 그래도 엄마는 할 거래. 아빠가 계속 우기면 내가 판사한테 가서 말할 거야. 아빠가 엄마한테 어떻게 했는지."

승주가 차분히 말했다. 나는 승주 얼굴을 보았다. 같은 얼굴인데 전보다 어른스럽게 느껴졌다.

"학교는?"

"안 옮길 거야. 아빠 때문에 전학 가기 싫어. 내가 왜?"

"다행이다. 학교에 몽골 사람은 너하고 나뿐인데."

승주가 고개를 돌려 나를 보았다.

"엄마 이혼하면 엄마 이름으로 성 바꿀 거야. 그땐 가능하대."

"잘됐다."

한 달쯤 뒤에 유승주는 바다리츠 승주가 되었다. 아이들은 입에 익은 대로 유승주라고 계속 불렀지만 나는 바다리츠 승주라고 꼬박꼬박 성까지 붙여 불렀다.

바다리츠 승주라고 성을 바꾸어 불렀더니 누군가로부터 내가 태어났다는 사실이 새롭게 다가왔다. 그리고 엄마와 아빠 둘 사이에서 나왔는데, 왜 유독 아빠의 성만을 따라야 하지? 하는 물음이 생겼다.

└→ 말랑 몬스터

엄마와 아빠의 유전자를 반씩 받았는데 아빠의 성(姓)만을 따르는 것은 가부장제 때문입니다. 승주 엄마에 대한 승주 아빠의 폭력 역시 가부장제의 영향으로 일어난 일이라고 생각합니다. 가부장제에서 남성은 자신을 가정의 우두머리라고 생각하고, 여성은 딸과 아내로서 남성 가장의 말을 법처럼 따라야 하는 존재라고 여기니까요.

호주제라는 용어를 들어본 적이 있나요? 우리나라는 가부장제를 법으로 보호하고 지지하는 국가입니다. 지금은 가족관계등록부를 사용하지만 불과 15년 전만 해도 호적을 사용했습니다. 각 호적에는 가족을 대표하고 통솔하는 호주가 있었고요.

> 호주제(戶主制)
> 호주를 중심으로 가족 구성원들의 출생, 혼인, 사망 등의 신분 변동을 기록하는 제도. 일본제국주의가 식민 통치를 목적으로 사람들을 감시하고 통제하기 위해 만들어 시행.

식민통치에서 해방된 뒤에도 호주제는 우리나라의 법체계에 남아 계속 이어졌습니다. 이후 2005년 헌법재판소에서 헌법 불합치 결정을 내렸고, 2008년에 개정된 가족법이 시행되면서 공식적으로 사라졌습니다. 새로운 가족법에서는 아버지의 성(姓)을 따라야 한다는 원칙이 완화되었습니다. 그래서 유승주는 엄마 이름을 따서 바다리츠 승주가 될 수 있습니다.

가부장제만 있는 것이 아니라 가모장제도 존재합니다. 예를 들면 북미 지역 토착 원주민인 호피족, 이로쿼이족, 인도네시아의 미낭카바우족, 브라질의 팀비라족, 인도의 카시족, 중국의 무수오족 등이 있습니다. 전 세계적으로 가모장제 또는 모계제 사회는 약 100개 정도 존재합니다.

가부장제나 가모장제와 같은 가족 규범과 체제는 지역에 따라 시대에 따라 다르게 나타납니다. 그리스의 아테네와 스파르타는 같은 시대, 이웃한 도시국가임에도 여성의 활동 영역에 차이가 컸습니다.

아테네에서 시민권은 아버지에게서 아들로 이어졌고, 따라서 시민 남성에게 아들은 반드시 자기 아들이어야만 했습니다. 그 결과 여성은 가정에만 머물러야 했지요. 군사 국가인 스파르타에서 여성은 출산하는 중요한 사회 구성원이었습니다. 따라서 군 복무를 하는 남성과 함께 재산을 소유하고, 가계를 운영했습니다.

그 당시 문화적, 정치적으로 우세한 도시국가는 아테네였습니다. 그 때문에 스파르타의 문화는 묻히고, 아테네의 강력한 남성 중심주의가 후대에 영향을 미치게 되었습니다.

사회 시간에 "아테네에서 민주주의가 시작되었다"라고 배웠는데 알아야 할 사실이 한 가지 더 있었네요. 아테네의 민주주의는 남성만을 위한 반쪽짜리 민주주의였어요.

가부장제는 전적으로 남성에게 권력을 부여하는 체제였습니다. 역사학자 거다 러너는 가족뿐만 아니라 사회의 모든 중요한 제도에서 남성이 권력을 쥐며, 여성은 권력에 대한 접근을 박탈당하는 남성 지배구조를 가부장제라고 정의했습니다.

이러한 가부장 체제와 함께한 것이 여성에 대한 이중 규범입니다. 가부장제가 발달하면서 가정과 사회에서 남자는 되고 여자는 안 되는 이중 잣대가 만들어졌어요. 동일한 행위라도 성(性)에 따라 다른 평가가 내려지고, 극단적으로는 여성만 처벌의 대상이 되었습니다.

이러한 이중 규범은 여성과 남성을 나누고 비교하는 일부터 시작됩니다. 그리스의 철학자 아리스토텔레스는 여성과 남성은 다르고, 따라서 하는 일이 달라야 한다고 주장했습니다. 특히 여성은 남성과 비교했을 때, 여러 면에서 충분히 발달하지 못한 부족한 존재라고 여겼습니다.

오랜 기간 동안 다양한 분야에서 의사, 과학자, 철학자 들이 비슷한 주장을 했습니다. 그리고 여성 폄하는 여전히 진행 중입니다.

책먹다뱉은여우 님 댓글을 보면서 문득 욕설과 관련된 내용이 떠올라 구체적으로 조사했습니다.

캘리포니아대학교 로스앤젤레스 캠퍼스에서 젠더화된 모욕을 조사했는데, 여성에 대한 은어 가운데 90%가 부정적인 뜻이고, 이에 반해 남성에 대한 은어는 46%만 부정적인 뜻을 담은 것으로 나타났다고 합니다.

언어학자 뮤리엘 슐츠는 이렇게 이야기했어요.

"언어의 역사에서 반복적으로 이루어진 현상은 소녀나 여성을 묘사하는 단어가 처음에는 중립적이거나 심지어 긍정적인 함의를 가지고 있다가도 점진적으로 부정적인 함의를 얻게 된다. 그 함의는 처음에는 약간 헐뜯는 정도에 지나지 않지만, 일정한 시간이 지나면 악의적으로 결국에는 성적인 모욕으로 변한다."

반 남자아이들의 욕설을 유심히 들어보았는데 욕 안에 여성과 관련된 말을 집어넣더라고요. 특히 엄마를 끌어들여서 상대를 욕하는 행위를 볼 때는 대체 왜 그러는지, 제정신으로 하는 건지 화가 났습니다.

└→ 잡스

언어가 서로 소통하는 도구가 아니라 상대를 비하하고 혐오하는 무기로 사용된다니 너무 안타깝습니다. 이와 관련해서 떠오르는 말이 맨스플레인입니다.

맨스플레인(Mansplain)
영어 신조어인 맨스플레인은 '남성(Man)'과 '설명하다(Explain)'의 합성어이다. 여성들이 어떤 사안에 대해 잘 모를 것이라고 생각하는 남성들이 무턱대고 아는 척 설명하려고 하거나 가르치려고 드는 태도를 나타내는 단어이다. 주로 남자가 여자에게 권위적인 태도로, 아랫사람을 훈계하듯이 설명해 주는 것을 의미한다.

맨스플레인 역시 가부장제 때문에 생겨난 게 아닌가 싶네요. 최근에 이슈가 된 출산율 쇼크에도 간접적이나마 가부장제가 영향을 미친 게 아닐까 짐작됩니다. 출산율 쇼크, 2022년 합계 출산율 0.78명! 남성 입장에서는 가장 큰 이유가 경제적 부담이라고 해요. 가부장제는 남성에게 가장이라는 이름으로 가족 부양의 의무를 지게 하잖아요.

⌐ 학고

0.78명! 우리나라의 앞날을 생각하니 마음이 무겁습니다. 나름대로 해결책을 고민했는데, 성평등에서 길을 찾을 수 있을 것 같습니다.

성적으로 평등한 국가의 국민일수록 행복지수가 높고, 행복지수가 높을수록 출산율이 높습니다. 성평등 국가 1위 아이슬란드의 출산율은 1.82명, 2위 핀란드는 1.46명, 3위 노르웨이는 1.55명, 4위 뉴질랜드는 1.64명, 5위 스웨덴은 1.67명입니다. 모두 우리나라보다 아이를 2배 이상 낳습니다.

참고로 2015년에 UN에서 지구의 당면 문제를 해결하고 지속 가능한 발전을 위한 목표 17가지를 채택했는데, 그중 5번째 목표가 '성평등: 성평등 달성과 여성과 소녀의 역량 강화'입니다.

천원쌤 더하기

성씨(姓氏)는 이름 앞과 뒤에 붙어 혈통을 나타내는 용어입니다. 한 사람의 혈연관계를 분류하는 기준이 되고, 이름과 결합하여 사회성원으로서의 개인을 다른 사람과 구별하는 역할을 합니다.

성씨를 사용하는 방식은 다양합니다. 아예 성 없이 이름만 사용하거나, 부계 성, 모계 성, 혼인 성씨를 씁니다. 미얀마, 몽골, 말레이시아 등 일부 국가에서는 아예 성씨를 사용하지 않고, 주로 스페인어권이나 포르투갈어권의 국가에서는 부계 성과 모계 성을 모두 사용합니다. 혼인 성씨가 법으로 강제되어 여성이 결혼 후에는 남편의 성씨로 변경해야 하는 나라는 오스트리아, 브라질, 일본 등이고, 미국은 혼인 성씨의 사용을 권장하지만, 혼인 전의 성씨를 사용할 수도 있습니다. 러시아는 당사자들의 협의에 따라 성씨를 결정합니다.

우리나라는 삼국 시대부터 중국식 성씨 제도를 수용하기 시작하여 고려 시대에 정착했습니다. 부계혈통주의를 따르고 여성이 혼인해도 아버지의 성씨를 그대로 씁니다.

2008년 가족법이 개정되기 전에는 철저한 부계혈통주의 원칙에 따라 성을 바꾸기가 어려웠습니다. 그 때문에 재혼 가정의 아이들은 한집에 사는 형제자매라도 성이 달라 놀림을 받는 등 부작용이 많았습니다. 하지만 호주제가 폐지되고 가족법이 개정된 이후로 성을 바꿀 수 있는 조건이 다양해졌습니다. 자녀는 아빠의 성을 따르는 것이 원칙이라는 부계혈통주의에는 변함이 없지만요.

성을 바꿀 수 있는 조건

· 아버지가 외국인인 경우
· 아버지를 알 수 없는 경우
· 부모를 알 수 없어 법원의 허가를 받아 성과 본을 창설한 후에 어머니를 알게 된 경우
· 부모가 혼인할 때 협의하여 혼인신고서에 자녀가 태어나면 어머

니의 성과 본을 따르게 한다는 것을 명시한 경우

· 자녀의 복리를 위하여 자녀의 성과 본을 어머니의 것으로 변경할 필요가 있어 자녀 또는 그 어머니가 법원에 허가받은 경우

최근에는 부모 성 함께 쓰기, 부부 성 같이 쓰기처럼 평등을 추구하는 성씨도 새롭게 만들어 사용합니다.

이탐반의 생각거리

성씨와 관련해 앞으로 어떤 변화가 나타날까요?

_____

_____

겨울방학

남녀공학 추진기 :
남자와 여자가 한목소리로 만들어가는 세상

석샘

"교감 선생님, 우리 학교도 이제부터 남녀공학으로 만들어 주시면 안 돼요?"

학교생활에 대해 자유롭게 이야기를 나눠보자는 나의 제안에 영준이가 번쩍 손을 쳐들며 소리친다.

"와~ 와~."

"남. 녀. 공. 학! 남. 녀. 공. 학!"

"며칠 전에 담임선생님이요, 교육청에서 남녀공학 하라고 공문이 왔다던데요?"

봇물이 터졌다. 매일 같이 서로 투덕대던 놈들이 남녀공학으로 일치단결하다니, 피식 웃음이 인다.

교육청에서 공문이 왔다는 말은 사실이다. 동남 지역에 남아 있는 사립 단성(單性)중학교의 남녀공학 전환에 대한 내용이었다. 전환을 원하는 학교는 학생, 학부모, 교직원, 동창회의 의견을 수렴하여 월말까지 최종 의견을 제출해야 한다. 전환 실시를 결정한 게 아닌 권고하는 공문이었는데, 몇몇 아이들은 벌써 남녀공학이 되는 줄 오해하고 있다.

"워, 워. 잠깐 진정하세요. 샘도 남녀공학 전환에 찬성합니다. 그런데 여러분이 이 정도로 남녀공학에 관심이 많은 줄은 미처 몰랐네요."

"와, 진짜 찬성하시는 거예요?"

"역시 우리 편이셔. 교감샘 최고예요!"

순식간에 번지는 박수와 환호 소리. 한낱 힘없는 교감일 뿐인데 그래도 자기편이라고 이렇게 좋아하다니.

"최고라니 일단 기분이 좋네요. 그러면 남녀공학에 대해서 조금 더 진지하게 대화를 나눠볼까요?"

학생들의 흥분이 가라앉기를 기다렸다가 지금까지 진행된 상황을 먼저 아이들에게 들려준다.

"샘 이야기를 들어보세요. 사실 확정된 것이 없어요. 지금은 관련된 사람들의 의견을 폭 넓게 모으는 단계예요. 오늘 이 시간에 여러분이 의견을 말해주면 소중하게 생각하고 반영할 겁니다. 여러분 대다수가 찬성하는 것 같은데, 그 이유를 자유롭게 말해줄 수 있나요?"

다들 마음이 급한지 손을 들지도 않은 채 말을 쏟아낸다. 잠깐 대기하라고 손짓한 뒤, 반장에게 이제부터 아이들의 발언 내용을 받아 적어 달라고 요청한다. 반장이 연습장을 꺼내 펼치고 나를 올려다본다.

"기록할 준비가 됐으니까, 한 명씩 차례차례 이야기합시다."

내가 고개를 한 번 끄덕이자, 한 아이가 의자에서 엉덩이를 반쯤 들썩이기까지 하며 손을 번쩍 들었다.

"학교에서 자연스럽게 연애할 수 있어서 찬성합니다."

"맞아요, 연애 기회가 많이 생겨요."

"우리 학교하고 상천여중를 빼면 다 남녀공학이에요. 그래서 남녀공학을 해야 합니다."

"세상 절반이 여자들이잖아요. 여자들을 더 잘 이해하는 기회가 생기니까 찬성합니다."

"남자 중학교에서는 만날 서로 싸움만 해서 정서적으로 거칠어진대요."

"지금이 조선 시대도 아닌데 남녀를 구분해서 생활하는 건 시대에 뒤떨어집니다."

"사회 시간에 배웠는데요, 지금은 양성평등 시대래요. 양성평등에 어울리지 않아요."

"결혼하려면 미리 여자랑 지내봐야 해요!"

"결혼해서 이혼하면 안 돼요!"

딴짓하는 아이가 한 명도 없다. 이 정도 몰입은 중학교 이 학년 남학생들에게는 진짜 드문 일이다. 남녀공학이 중학교 남학생들에게 얼마나 중요한 문제인지 새삼 느낀다.

"좋은 의견 고마워요. 찬성이 압도적이네요. 이번에는 남녀공학에 반대하는 의견도 들어보고 싶은데, 혹시 반대 의견을 가진 친구는 없나요?"

찬성하는 아이들의 기세에 눌렸는지 몇몇 아이들이 선뜻 나서지 못하고 눈치만 본다.

"괜찮아요. 자기와 생각이 다른 친구들이 많더라도 자기 의견을 명확히 표현해야 합니다. 남녀공학에 반대하는 친구, 얘기해 볼까요?"

한 아이가 멈칫멈칫 손을 든다.

"저는 남녀공학에 반대합니다. 왜냐하면 공부에 방해되기 때문입니다. 초등학교에 다닐 때하고 다르게 중학교부터는 본격적으로 공부를 해야 합니다. 이런 중요한 시기에 여학생들과 함께 있으면 아무래도 신경이 쓰입니다. 여러 가지 면에서요. 그리고 여학생들이 공부에 대한 집중도가 높아서 남녀공학인 학교에서는 상대적으로 남학생들이 좋은 점수를 받기 어렵습니다. 환경이 학습에 큰 영향을 미치기 때문에 저는 남녀공학에 반대합니다."

나름대로 근거까지 대면서 논리적으로 의견을 제시하다니, 역시 공부를 잘하는 현실주의자답다.

"오호, 역시 공부 짱. 박민수! 박민수!"

순식간에 분위기가 민수 쪽으로 기운다.

"성적 나쁜 게 왜 여자들 탓인데. 남자도 집중하면 되지."

원칙을 중시하는 정민이 반박한다.

"좋은 의견들 고맙고, 논리적으로 잘 이야기해 주었습니다. 반대 의견 가진 사람 또 말씀해 주세요."

"저도 반대합니다. 여학생들과 함께 생활하면 눈치 볼 게 많아서 불편할 것 같습니다. 체육시간에 체육복 갈아입을 때 지나가다 보면 어떻게 해요."

"그렇겠네요. 불편하겠어요. 찬반 투표를 한번 해볼까요?"

아이들이 나의 진행에 맞추어 손을 든다. 학생 스물여덟 명 중에서 열아홉 명이 찬성, 여섯 명이 반대다. 그리고 세 명은 의견을 표시하지 않는다.

시간을 확인한다. 수업 시간이 끝나려면 아직 십여 분이 남아서 이야기를 이어가기로 한다.

"찬성이 많이 나왔네요. 샘이 갑자기 궁금해지는데, 여러분은 왜 남녀공학인 서봉중학교에 가지 않고 우리 학교를 선택했나요? 서봉중학교도 가깝잖아요."

"부모님 때문이에요."

"맞아요. 저도 서봉중 가고 싶었는데 엄마가 가지 말랬어요."

"저도 제가 학교를 선택한 게 아니에요."

볼멘소리가 이어진다.

"너희들은 남녀공학인 서봉중에 가고 싶었는데, 부모님들이 우리 한남중을 선택했다는 거지? 아이고, 너희들에게 선택권이 없었구나."

나는 안타까움을 담아 고개를 내두른다.

"맞아요."

한 아이가 울상을 짓는다.

"그런데 부모님들이 왜 남녀공학보다 남자 중학교를 선호하시는지 생각해 봤나요?"

"여자아이들하고 어울리는 게 꼴 보기 싫은 거죠!"

"부모님들은 남녀공학에 다니지 못했는데, 우리는 다니니까 샘나서 그런 거 아닐까요?"

"꼰대죠!"

"성적 때문이라는 생각이 듭니다."

공부 대장 민수가 다시 나선다. 아이들이 순간 민수 말에 집중한다.

"제발 감정적으로 대응하지 말고, 현실적으로 판단했으면 좋겠습니다. 저희 부모님은 남학교가 내신 따기 쉽다고 남학교 선택을 권유했습니다."

"헷갈려요. 교감샘이 말씀해 주세요."

이리저리 눈을 굴리며 고민하던 준서가 말한다.

"그러면 여러분 이야기를 선생님이 정리해 볼게요. 첫 번째로 부모님들 경험에 따른 사회적, 문화적 편견의 영향이 제일 큰 것 같아요. 그리고 두 번째로는 성적에 예민한 부모님들이 남학교를 선호하는 경향도 있는 듯해요. 남녀공학에서는 아무래도 남학생이 여학생들한테 성적에서 뒤처질 것으로 생각하니까."

"부모님 입장이 이해되긴 해요. 아들 성적이 걱정되시겠죠. 그러고 보면 학교 선택할 때 나는 초등학생이었어요."

꼰대라는 말까지 내뱉던 아이가 금세 태도를 바꾸어 고개를 주억인다. 풀이 죽은 모습을 보니 이대로 멈추면 안 된다는 생각이 든다. 어쨌든 주인공은 아이들이니까.

"여러분 다수가 원하는 남녀공학으로 학교를 전환하기 위해서는 두 가지 문제가 해결되어야 합니다. 먼저 학생들에게 선택권이 주어져야 하고, 두 번째로는 부모님들이 가진 편견을 극복해야 합니다. 그렇다면 구체적으로 어떻게 해야 할까요?"

"……"

침묵이 길어진다. 누구도 입을 열지 않는다.

"머리 아파요!"

"안 할래요."

"남녀공학 필요 없어요. 어차피 우리는 졸업하면 끝이에요."

그렇게 남녀공학을 외치고 교감샘 최고라고 칭찬하며 신나던 모습은 사라지고, 하나둘 심드렁해져 고개를 돌린다. 구체적인 방법을 찾아 행동으로 옮기는 일은 어른한테도 쉬운 일이 아니다. 나도 덩달아 기운이 빠진다. 이대로 멈추면 안 되는데, 어떤 식으로든 매듭을 지어야 하는데, 난감하다.

이때 창가 쪽 제일 뒤에 앉아서 가만히 듣기만 하던 도서관지기 성주가 손을 든다.

"남녀공학을 해야 하는 이유에 관해 토론할 시간을 만들어야 합니다. 솔직히 저희도 부모님도 너무 단순하게 남녀공학을 판단하는 것 같습니다."

"맞아요. 아는 게 별로 없어요."

"설문지만 돌릴 게 아니라 선생님, 학부모, 학생 다 같이 전체 토론을 하면 좋겠습니다. 그리고 우리 중 한 명이 학생 대표로 주제 발표를 했으면 합니다. 교감쌤도 선생님들을 대표해서 발표해 주실 거죠?"

반장이면서 학생회 대의원인 기수가 의견을 정리해 마무리한다. 아이들의 기대 가득한 눈동자가 나를 향한다.

"고맙다, 얘들아! 너희들이 이렇게 적극적으로 나서주니까 선생님도 덩달아 힘이 나네. 남녀공학 전환에 대한 학교 구성원 전체 토론회는 꼭 진행되도록 할게. 쌤도 너희들 편에서 의견을 발표하고."

다시 시계를 본다. 벌써 마칠 시간이다.

"마지막으로 여러분이 할 수 있는 일을 한 가지 알려주겠습니다. 아직도 우리나라 고등학교는 중학교와 비교해서 남녀공학이 적고, 남녀 혼합반도 거의 없습니다. 여러분은 이제 곧 고등학교를 선택해야 합니다. 여러분이 주인공임을 잊지 말고, 주도적으로 선택권을 행사하기를 바랍니다. 그리고 남자와 여자는 따로 떨어져 존재할 수 없다는 사실, 언제든 어디서든 함께 어울려 살아야 한다는 사실, 매 순간 꼭 기억했으면 좋겠습니다."

종이 울린다.

"토론회에서 봅시다!"

나는 반장에게서 발언 기록을 받아 들고 손을 흔든다. 교실을 나선다.

봄방학

불평등과 공정 :
나와 생각이 다른 사람을 만났을 때

순민샘

네가 이제 삼 년 동안 정들었던(?) 학교를 떠나는구나. 졸업을
축하한다. 아마 이 편지를 펼치면서 깜짝 놀랐을 거야. 만날 혼만
내던 선생님이 편지를 보낼 거라고는 상상도 못 했을 테니까. 편
지를 받고 긴장할지도 모르겠다. 어쩌면 불쾌할지도.

"왜 나만 차별해요?"

"억울해요!"

그동안 네가 선생님에게 수없이 했던 말이지. 다른 아이들도
떠들고, 수업 안 듣고, 선생님께 대드는데, 왜 유독 너만 지적하느
냐고 말이야.

선생님이 왜 그랬을까?

내가 기억하는 너는 참 많이 대서는 아이였어. 그리고 너에게 나는 사사건건 잔소리하는 교사였겠지. -였어, -였겠지. 과거형으로 말할 수 있어 다행이다 싶으면서 아쉽기도 하네. 이렇게 뒤늦은 편지를 쓰는 걸 보면 아쉬움이 더 큰가 봐.

지난 일 년 동안 너와 나는 참 많이 부딪혔어. 네가 수업을 방해하지 못하도록 지도하는 경우에도 너는 차별이라고 여겼지. 수용보다는 투쟁을 선택했어. 적극적으로 변명하면서 네 생각이 인정받길 원했지. 그래서 교실은 너와 나, 둘의 목소리로 떠나갈 듯 시끄러웠고 말이야.

네가 내 수업 시간에만 이런 건 아니라고 하더라. 보통 학생들은 교사가 행동이나 말에 수정을 요구하면 "다음부터 잘하겠습니다" 하고 받아들이는데, 너는 너 자신을 방어하기 위해 희한한 논리를 세우고, 선생님들에게 목소리를 높이다 결국 교무실에 불려 왔지.

나 역시 교탁 앞으로, 복도로, 교무실로 너를 부르곤 했어. 항상 찌푸린 얼굴로 말이야. 그러면 너는 "선생님 때문에 미치겠어요", "노이로제 걸리겠어요"라면서 질색했지. 하지만 오늘은 편안한 마음으로 있어도 돼. 지금은 나도 편안한 마음으로 이 글을 쓰거든.

그래, 앞으로 담임과 학생으로 만날 날이 없다고 생각해서겠지. 그 덕분에 이제야 차분한 마음으로 뒤를 돌아보게 되었고.

재수 너의 차별에 대한 문제 제기는 옳아. "어! 왜 그러세요? 선생님 오늘 이상해요!" 하며 머리를 내두를지 모르겠구나.

재미있는 실험 하나를 말해줄게. 꼬리감는원숭이를 대상으로 한 실험인데, 과학자들이 원숭이에게 장난감 동전을 주고 오이와 교환하는 훈련을 시켰어. 원숭이는 이 훈련에 잘 적응했단다. 그런데 한 원숭이에게만 오이 대신 포도를 주었지. 다른 원숭이들이 어떤 반응을 보였을까? 동전과 오이를 던지면서 과학자들에게 화를 냈어. 위협하는 수준까지 갔지.

이 실험은 동물도 불평등한 상황에서 분노를 느낀다는 사실을 보여준단다. 하물며 만물의 영장인 네가 불평등하다고 느꼈을 때 억울함을 표출하는 것은 지극히 당연한 거야. 그래서 너의 억울함은 옳아.

하지만 공정이라는 측면에서 생각해 보면 어떨까? 나는 공정이 무엇인지 너와 같이 고민하고 싶어. 끝까지 들어주길 바라.

재수 너는 축구를 무척 좋아해서 전투적으로 했지. 어느 정도냐면 시합 중 몸싸움은 물론이고, 시합에서 우리 반이 졌을 때 실수한 아이들을 비난하고 한바탕 욕까지 했어. 그러면 비난받은 아이도 참지 않았고, 결국 둘이 몸싸움을 벌이다가 교무실에 불려와 반성문을 썼지. 기억나니?

축구는 참 에너지 넘치는 운동이야. 승리라는 결과를 얻기 위해 달리고, 몸을 부딪고, 태클을 걸다 보면 엔돌핀이 막 솟아나. 하지만 그래서 심하게 다치기도 해. 규칙이 필요한 이유지.

축구를 축구답게 만드는 것이 바로 규칙이야. 모든 참가자에게 적용되는 공정한 규칙이 존재하기 때문에 축구가 재미있는 거야. 규칙이 없다면 그냥 공을 차면서 달리는 운동일 뿐이지.

규칙을 어기면 어떤 상황이 벌어질까? 옐로카드, 레드카드, 여러 번 들어본 말이지? 경기 중에 반칙하면 경고와 함께 그만큼의 불이익을 받아. 경기 중이 아니라고 해도 약물복용이나 승부조작이 있는 경우에는 스포츠 정신을 더럽혔다는 측면에서 선수 자격 박탈 등의 중징계도 내리고.

네가 좋아하는 축구를 통해 선생님이 말하고 싶은 건 이거야. 경기 참가자는 누구나 동일한 규칙 안에서 활동해야 한다는 것, 공정의 첫 번째 조건이지. 이 조건은 다른 스포츠에도 적용이 되고 말이야.

재수야! 체육 시간을 제외하고 아이들이 가장 좋아하는 시간은? 그래, 점심시간이야. 4교시 중반만 되면 솔솔 냄새가 풍겨

오고, 본능적으로 식단 정보를 교환하며 수업하는 선생님께 대놓고 점심 메뉴를 묻기도 하지.

선생님에게 점심시간은 세 가지 모습으로 기억된단다. 폭풍 러시와 줄 서기, 그리고 새치기! 아, 수업 종료 종이 울리자마자 벌 떼처럼 몰려가는 인간 좀비 떼! 너는 항상 제일 앞줄에서 달렸어.

하지만 코로나가 시작되면서 개인 간 안전거리 유지 때문에 반별로 줄을 서서 이동해야 했어. 그런데 너는 인맥과 스피드와 두꺼운 얼굴을 이용해 다른 반에 끼어 밥을 먹곤 했지. 그러다가 지도 선생님께 걸리면 된통 혼나고.

선생님들은 다들 급식지도가 너무 힘들다고 얘기해. 선생님 눈에 띄면 그대로 잡아서 뒤로 보내거나 식사 시간을 늦추면 되지만, 뒤쪽에 선 아이가 새치기를 신고할 때는 난감해져. 새치기 안 했다면서 버티는 아이들, 버티는 아이를 편드는 아이들, 신고한 아이를 편드는 아이들, 고개가 절로 내둘러지지.

자, 줄 서기와 새치기에 대해 잠깐 생각해 볼까? 줄 서기는 생활 곳곳에서 볼 수 있어. 모든 줄 서기에는 하나의 원칙만 존재해. 먼저 온 사람에게 우선권을 준다는 거야. 그리고 대부분의 사람은 이 원칙을 따르지. 그렇다면 새치기는 뭘까? 새치기는 줄 서기의 원칙을 깨는 도발 행위야. 그런데 문제는 이 새치기에 대한 반응이 같지 않다는 사실이야.

좋아하는 아이돌의 사인회나 한정판 운동화를 구매하는 상황에서 새치기하면 어떻게 될까? 새치기도 힘들 뿐 아니라 화가 난 사람들 때문에 큰일이 벌어질 거야. 그런데 급식실에서는 의외로 아이들이 관대해. 왜 다를까? 줄 서기를 통해 얻게 되는 만족의 크기가 다르기 때문이지.

어떤 상황에서든 꼭 기억해 두어야 할 사실이 있어. 새치기는 사회적 합의, 상식을 지키면서 줄을 선 뒷사람에게 피해를 준다는 점이야. 더 나아가 상식이 지켜질 거라 믿는 선량한 구성원들에게 불신을 일으킬 수 있지. 이것이 공정의 두 번째 조건이야.

선생님이 제일 중요하게 생각하는 활동이 뭔지 아니? 청소란다. 그래서 지각과 같이 규칙을 어긴 경우라도 벌칙으로 잘못한 학생에게만 청소를 시키진 않아. 청소는 학습 구성원 모두의 의무라고 생각하거든.

우리 반 교실은 깨끗했을까? 선생님은 더럽지는 않았다고 평가해. 그런데 우리 반 수업에 들어오는 선생님 중 몇 분은 청소를 마쳤는데도 다시 청소를 시켰지. 청결의 기준이 다르더라고. 선생님은 위생에 문제가 안 생기는 정도에서 만족하는데 몇몇 선생님들과 아이들은 교실은 더 깨끗해야 한다고 불만을 표시했어.

재수 네 생각은 어떠니? 선생님은 여기서 공정의 마지막 조건을 말하고 싶어. 보는 이의 관점에 따라 공정은 다르게 해석될 수 있어! 공정성을 판단할 때는 어떤 입장에 서있는가가 중요해. 그리고 사람들의 입장이 나와 다를 수 있음을 인정하는 자세, 타인에 대한 존중 역시 중요하지.

젊은 세대는 공정에 민감하고 이를 바로 잡기 위한 행동에 나선다, 기성세대는 이러한 젊은 세대의 행동과 사고를 이해하지 못하고 '버릇없다'는 식의 평가를 한다, 그래서 세대 갈등이 발생한다. 요즘 매스컴에서 이런 이야기가 많이 나오던데 너도 들어봤니?

솔직히 선생님에게도 공정은 너무 어렵고 복잡해. 그래서 선생님이 핵심 내용이라고 생각하는 것을 좀더 설명할게.

공정은 '중요한 무엇'의 분배와 관련 있어. '중요한 무엇'은 가치 있는 것, 가지고 싶어 하는 것들이야. 예를 들면 자유, 권리, 기회, 소득, 부, 권력 등 인간으로서 자존감을 지키고, 자아를 실현하기 위해 요구되는 수단들이지. 그래서 공정은 '중요한 무엇'을 구성원이 인정하는 원칙에 따라 나누는 행위라고도 해.

다시 처음으로 돌아가서 재수 네가 제기한 '차별'과 '불평등'

에 대해 답을 하려고 해.

학교는 하나의 사회공공기관이고, 학교 안에서 제일 '중요한 무엇'은 바로 수업이야. 공교육을 담당하는 나는 '수업'을 모든 학생에게 공평하게 나누어 주어야 하지. 그런데 너의 말과 행동이 공평한 수업 분배 활동을 막았단다. 나는 다른 학생들의 학습권을 보장하기 위해 너를 제지할 수밖에 없었어. 너는 그 제지를 차별로 느꼈고 말이야.

같은 맥락에서 한 가지만 더 이야기하고 싶구나. 교실의 쉬는 시간을 생각해 보자.

선생님 눈에는 교실이 너무 시끄럽고 무질서해서 볼 때마다 불편했단다. 교실은 반 아이들 모두의 공간이지 힘이 세고, 목소리 큰 몇몇 아이들만의 공간이 아니니까. 교실을 어떻게 사용하느냐는 반 전체의 구체적 합의로 결정되는 게 옳아. 합의 과정이 없는 상황에서는 사회적 상식을 따라야 하고. 이것이 모두를 위한 공정이야.

왜 나만 차별을 하느냐고 문제를 제기했던 너의 태도는 다시 한번 칭찬하고 싶다. 그리고 앞으로 인생을 살아가면서 잘못된 차별에 대해 이의를 제기하는 멋진 사람이 되었으면 좋겠어. 그러기 위해 무엇이 공정한가에 대한 질문을 가슴속에 새기고 살기를 바라. 인간의 역사는 공정하지 않은 세상에 행동으로 맞선 사람들의 힘으로 한 걸음씩 나아갔거든.

선생님이 부탁하고 싶은 것은, 네가 선생님에게 던진 질문의 방향을 너 자신에게 돌렸으면 해. 선생님이 나를 차별한 것 아니냐, 질문한 것처럼 스스로 친구들을 차별하지는 않았는지 말이야. 선생님도 그 질문에 한번 대답해 보려고 해. 그리고 잘못했다고 판단된다면 고치려고, 더 나아지려고 노력할 거야.

앞으로 너와 내가 살아갈 미래가 지금보다 더 공정했으면 좋겠구나. 끝까지 읽어주어 고맙다. 건강해.

이탐반의 책꽂이

《10대와 통하는 성과 사랑》, 노을이, 철수와영희, 2012

《가부장제 깨부수기》, 마르타 브렌·엔뉘 요르달, 손화수 옮김, 아르테,
　　2022

《고려시대 사람들은 어떻게 살았을까 1》, 한국역사연구회, 현북스, 2022

《고려시대 사람들은 어떻게 살았을까 2》, 한국역사연구회, 현북스, 2022

《군사주의는 어떻게 패션이 되었을까》, 신시아 인로, 김엘리·오미영 옮김,
　　바다출판사, 2015

《나의 아름답고 추한 몸에게》, 김소민, 한겨레출판, 2022

《나의 첫 젠더 수업》, 김고연주, 창비, 2017

《남성성/들》, 래윈 코넬, 안상욱·현민 옮김, 이매진, 2013

《남자가 뾰족구두를 신었다?》, 김은영, 한국톨스토이, 2014

《남자의 종말》, 해나 로진, 배현·김수안 옮김, 민음인, 2012

《뉴미디어 트렌드 2023》, 샌드박스네트워크 데이터랩·노성산·박진경·김
　　태홍, 샌드박스스토리, 2022

《다이어트의 역사》, 운노 히로시, 서수지 옮김, 탐나는책, 2022

《당황하지 않고 웃으면서 아들 성교육 하는 법》, 손경이, 다산에듀, 2018

《라이프 트렌드 2019: 젠더 뉴트럴》, 김용섭, 부키, 2018

《맨박스》, 토니 포터, 김영진 옮김, 한빛비즈, 2019

《메트로섹슈얼 가이드북》, 마이클 플로커, 김정미 옮김, 문학세계사, 2004

《사랑을 물어봐도 되나요?》, 이남석, 사계절, 2010

《삼국시대 사람들은 어떻게 살았을까 1》, 한국역사연구회, 현북스, 2022

《삼국시대 사람들은 어떻게 살았을까 2》, 한국역사연구회, 현북스, 2022

《아들과 나눠야 할 인생의 대화》, 팀 혹스, 곽성혜 옮김, 글담출판, 2018

《앞으로의 남자아이들에게》, 오오타 게이코, 송현정 옮김, 가나출판사, 2021

《여자의 뇌, 남자의 뇌 따윈 없어》, 송민령, 동아시아, 2019

《연애와 사랑에 대한 십대들의 이야기》, 십대섹슈얼리티인권모임·진냥(이희진), 바다출판사, 2016

《외롭지 않을 권리》, 황두영, 시사IN북, 2020

《우리 아이의 행복을 위한 성교육》, 김영화, 메이트북스, 2018

《워드슬럿》, 어맨다 몬텔, 이민경 옮김, 아르테, 2022

《이야기로 풀어가는 성평등 수업》, 변신원, 비엠케이, 2020

《장난이 폭력이 되는 순간》, 김승혜·김영미·최희영, 담담, 2021

《젠더의 역사》, 메리 E. 위스너-행크스, 노영순 옮김, 역사비평사, 2006

《조선시대 사람들은 어떻게 살았을까 1》, 한국역사연구회, 현북스, 2022

《조선시대 사람들은 어떻게 살았을까 2》, 한국역사연구회, 현북스, 2022

《지식채널 × 젠더 스펙트럼》, 지식채널e 제작팀, EBS BOOKS, 2021

《차이에 관한 생각》, 프란스 드 발, 이충호 옮김, 세종서적, 2022

《테스토스테론 렉스》, 코델리아 파인, 한지건 옮김, 딜라일라북스, 2018

《핑크와 블루를 넘어서》, 크리스티아 스피어스 브라운, 안진희 옮김, 창비,

2018

《학교에 페미니즘을》, 초등성평등연구회, 마티, 2018

《호르몬의 거짓말》, 로빈 스타인 델루카, 황금진 옮김, 동양북스, 2018

a=b=c, 책먹다뱉은여우, 학고, 말랑 몬스터, 도토리, 잡스, BOTONGE, 칸 그리고 천원쌤에게 감사의 마음을 전합니다. 그런데 사실…… 이탐반은 가상으로 만들어낸 동아리입니다! 그 구성원인 학생들과 천원쌤 역시 허구의 인물이고요. 학생들이 꺼리는 젠더 이야기를 어떻게 풀어가야 할까, 오랫동안 고민이 많았습니다. 친구처럼 같이 이야기하고 싶어 이런 설정을 했습니다. 그러니 너그러이 이해해 주세요.

도움을 주신 선생님들을 소개합니다.

유미쌤, 김유미 선생님은 국어 교사입니다. 남자중학교에서 근무하다 남녀공학 중학교로 옮겼는데 여학생과 남학생 사이에 다른 점이 존재하는지 관심을 가지고 지켜보는 중이랍니다. 그리고 학생들과의 소통을 제일로 중시합니다.

순민샘, 정순민 선생님도 국어 교사입니다. 처음에는 남자고등학교에서 그다음에는 남자중학교에서 근무했으니, 23년 동안 남학생들과 부딪으며 생활한 샘이에요. '남에게 해를 끼치지 않는 하루를 살자!'가 좌우명입니다.

석샘, 석용수 선생님은 사회 교사이면서 진로 진학 상담교사입니다. 교감 선생님으로도 근무했고요. 지금은 진로 수업과 상담만 하는데 학생들과 대화를 나누는 시간이 제일 즐겁다고 합니다. 아이들이 희망이라는 마음으로 27년째 교단일기를 씁니다.

저와 함께해 주시고 좋은 글까지 보내주신 유미샘과 순민샘, 석샘 고맙습니다. 선생님들 덕분에 이야기들이 한 발짝 더 아이들 가까이 다가갔습니다.

은이정

사춘기 교실에서 여학생과 남학생이 사는 법

초판 1쇄 인쇄 2023년 10월 31일
초판 1쇄 발행 2023년 11월 7일

지은이 | 은이정

발행인 | 박재호
주간 | 김선경
편집팀 | 강혜진, 이복규, 허지희
마케팅팀 | 김용범
총무팀 | 김명숙

디자인 | 형태와내용사이
일러스트 | 불키드
교정교열 | 김선례
종이 | 세종페이퍼
인쇄 · 제본 | 한영문화사

발행처 | 생각학교
출판신고 | 제25100-2011-000321호
주소 | 서울시 마포구 양화로 156(동교동) LG 팰리스 814호
전화 | 02-334-7932 팩스 | 02-334-7933
전자우편 | 3347932@gmail.com

ⓒ 은이정 2023

ISBN 979-11-91360-93-6 (43330)